天下文化
Believe in Reading

扭轉人生的10句話

安麗創辦人的成功智慧

Ten Powerful Phrases for Positive People

理查・狄維士 Rich DeVos ——著
廖建容 ——譯

目錄 contents

推薦序　十句話，帶來正向回饋　黑幼龍...............4

推薦序　成功，來自片段的累積　劉明雄...............6

作者序　豐富他人的生命...............9

前言　積極的藝術...............12

積極的心態會改變你和你的想法，讓你擁有提升他人的能力。當你開始尋找善的一面，就會對萬事有比較正面的看法。

1 「我錯了」...............26

對積極的人來說，「我錯了」這句話擁有強大的力量，因為它可以消除緊張關係、讓協商順利進行、讓爭論休止、讓療癒開始，甚至可以化敵為友。

2 「我很抱歉」...............44

一旦我們決定向對方道歉，許多問題很自然就消失了。所有的憤怒與情緒都不見了。這些正面的結果，遠比不願意承認自己有缺點，或擔心可能危及地位與有損自尊來得重要多了。

3 「你一定辦得到」...............58

有「一定辦得到」的心態，一切就會水到渠成。你可以據實評估可能面對的困難，但這些困難只是需要克服的障礙，而非阻止你開始的原因。

4 「我相信你的能力」...............80

想像你對某人說「我相信你的能力」將會產生的影響。你不只是讚美對方或感謝對方把事情做好；你同時也表達出你相信對方有能力完成某件事。

5 「我以你為榮」...............100

對於不常得到獎項與獎勵的人,也就是對懷疑自己的能力或找不到自豪成就的人來說,「我以你為榮」格外具有振奮人心的效果。

6 「謝謝你」...............118

「謝謝你」表達了對他人慷慨行為的謝忱。它表彰了他人的善意,與他們為我們著想的心意。

7 「我需要你」...............132

當我們感覺被需要時,會對自己比較有信心,也會有比較好的表現,甚至想做更多,讓人們知道我們是多麼不可或缺。

8 「我信任你」...............148

信任依照一個黃金原則運作:相信人們會將心比心地信任我們,這不僅令人感到安心,而且會鼓勵我們做個值得信賴的人。

9 「我尊敬你」...............164

傾聽人們急於與你分享的驕傲人生時刻,你很快就可以在他們身上找到值得尊重的事物,然後你就可以對他們說「我尊敬你」。同時,你將可以贏得他們的尊敬,並且提高自尊心。

10 「我愛你」...............188

我們不能只是想著要說「我愛你」卻不付諸行動,之後才來後悔沒能說出口。讓我們善用每個機會,發自內心告訴所愛的人「我愛你」。

推薦序　十句話,帶來正向回饋

有些地方我們去過之後沒什麼印象,有些地方卻終身難忘,甚至以後還常津津樂道。很多人我們見過了就忘了,另有些人我們卻很心儀,覺得但願自己也能像他那樣。

有些簡短的句子我們從幼稚園起,老師就開始教我們,隨著年歲增長,有的人忘了,有的人覺得不重要,有些人卻深化、內化了這些簡單的句子,在他們二十歲、三十歲、四十歲……甚至過了隨心所欲的年紀還在全心全意、全力地善用這些短句。他們成為更幸福的人,周圍的人也好有福氣。

我多麼希望我們的社會、家人之間能常說「我錯了」、「我很抱歉」這些話。但要想說得出口需要很強的自信。

「謝謝你」、「我以你為榮」、「我相信你的能力」、「我尊敬你」、「我需要你」,這些話代表著正向的人際關係,也是卡內基訓練的主要動力(作者與他的家人都參加過卡內基訓練,他也陸續派安麗的人來受訓)。想像家人之間或一家公司的總經理、經理、職員間若能經常講這

幾句話，能為彼此帶來多少的歸屬感、重要感。而這正是人一生最渴望得到的。

作者狄維士先生是安麗的創辦人，也是一位演講家。他終其一生常不忘肯定他人、鼓勵他人，提醒人們世界美好的一面。

就以我們的社會來說，雖然有那麼多的問題、衝突、弱點，但要是能想想慈濟義工的慷慨，想想善牧基金會對未婚媽媽的照顧，想想在偏遠地區服務的醫療人員，我們還是會覺得大有可為，甚至想參與其中。

最後，我想做一位見證人。每當我由衷做到書中提到的任何一句話，都會有好的結果，都會產生正向的回饋。雖然我還是說得不夠，但回想過去在貧窮中長大、沒能完成學業，到今天擁有一位和我一起生活了四十多年的好妻子，四位已成家，也都很上進、懂得關心他人的子女，十個孫子、孫女，近一百位工作的好夥伴，二十萬名曾接受過我們訓練的學員⋯⋯能與這些人相遇相知，可說都與這十句話息息相關。

但願我年輕時能多說這十句話就好了。

中文卡內基訓練創辦人　黑幼龍

推薦序　成功，來自片段的累積

在職場數十年，我見過許多才華洋溢、精明能幹的同事，他們既有大本領，也有大脾氣。在一件又一件的成功事蹟背後，也同時得罪了一批又一批的同事、戰友，最終路愈走愈窄，怨恨有志難伸；我也見過許多領導人，本身在專業領域上並非佼佼者，卻能召集一群賢能死士，無怨無悔甘心為他幹活，因為與他相處共事，如沐春風。

老狄維士的這本書，沒有教你如何有大本領做事，卻教你如何讓與你共事的人如沐春風。

英文裡有一句話：「成果與關係，之外別無其他！（Results and relationships, and nothing else!）」意思是說，做事情時，最終的結果，與過程中所獲得的人際關係，一樣重要。

如果事情做完了，結果不錯，而過程中也建立了更深的革命情誼，那麼下一件事情可以更容易做，能獲得更好的結果。反之，如果這件事做成了，但過程中你得罪了周邊的人，人際關係減分了，那下一件事情要做成，就要花更大的力氣，愈做，路就愈窄了。

有些人曾批評安麗人，說我們是「無可救藥的樂觀主義者」，甚至到了無視現實的地步；我坦然接受。我們相信，積極正面的想法、鼓勵的言詞與行動，永遠比尖酸刻薄的批評，比披著忠告外衣的冷水，能成就更多的生命，成就更多的事業。

　　「信心比黃金更重要」，不是嗎？看看電視上的政論節目，無論藍綠，都是尖酸刻薄，充滿著陰謀論，沒有人認為其他人是懷著理想在行事。這樣的言論，除了腐蝕人心，澆熄熱情，很難說能對我們的社會產生什麼積極正面的影響。

　　有一句話說：「成功，就是重複做簡單的事情。」這句話不能概括成功所涉及的全部原因，但在相當多的時候，它是正確的。如果將人的一生進行細膩的拆分，我們會得到成千上萬的片段：行為的片段、語言的片段、思維的片段，以及感受的片段；正是這些看似瑣碎，或者在當時看似無意義的細節，在不斷決定著你和周遭人群、環境所發生的關係，左右著下一秒鐘的人生走向！這種靜悄悄的演進方式，東方人可能將它叫作「因果」，西方人則稱之為「蝴蝶效應」。

　　在我與安麗企業、與狄維士結緣數十年的路

上，我深刻地理解感受到，狄維士先生在書中所說的，不是在說道理；他說的，正是他一輩子在做的。我們的企業，也把他的信念當作是企業的價值觀，在全球推廣。十句簡單的話，在你人生的每一片段都用得著，積累數十年，它會給你不一樣的人生。

前安利大中華區副總裁　劉明雄

（以上推薦序順序依作者姓氏筆畫排列）

作者序　豐富他人的生命

　　當我在2006年過八十歲生日時，曾說「從零歲活到八十歲感覺只有十秒」。八十年的歲月聽起來似乎很長，但對當事者來說卻不是如此。然而，重要的不是時間過得有多快，而是我們是否明智地運用神賜給我們的寶貴時光。

　　活了八十載之後，我反思一生經歷的風風雨雨，並感謝神賜給我不只是旁人眼中的幸運。我回顧一些時常出現在我生命中的重要禮物，並驚訝地發現，在神的計畫中，這些禮物是有關聯性的。

　　我成長於一個物質條件不充裕，但充滿了愛的家庭。我的成長環境教育我，世上最寶貴的就是人與人之間的互愛，以及對神的堅定信仰。我有幸在基督教家庭、教會與學校的培育中成長。

　　我與妻子海倫結婚已逾五十年，我們養育了四個孩子，而今他們都已成家，為我們帶來了十六個孫子。我從來不將這個充滿了愛的家庭視為理所當然，也總是把握每一個機會告訴我的妻子、孩子與孫子，他們對我有多麼重要。

另一件我常做的事是保持積極的態度，並肯定他人。我從摯友慈奧理（Billy Zeoli）那裡學到了利用勵志短句激勵自己，並幫助別人保持積極的價值觀。

　　我非常清楚這些短句所能激發的強大力量，但慈奧理卻能以格外清楚有力的方式傳達這些短句。因此，我決定慎重地使用這些短句，而非只是隨口說說。

　　本書的目的，也是要幫助你隨時在心中和言語中常存這些勵志短句，讓你成為一個「豐富他人生命的人」——一生中經常鼓勵他人的人。佛羅里達州羅德岱堡珊瑚脊長老教會（Coral Ridge Presbyterian Church）已故的甘雅各牧師（Dr. James Kennedy）曾對我說：「你是我所見過最積極的人。」

　　我很感謝他這麼說，因為我一直努力要成為這樣的人。而他也非常清楚我很欣賞他，同時鼓勵他發揮長才，並肯定他的貢獻。這一點也不難，只要我們下定決心，每個人都可以成為積極的人。

　　從我第一次演講開始，我就打定主意要談論這個社會與世界美好的一面，而非有問題的一

面。我希望豐富我的聽眾與其他人的生命。

　　我一直在應用慈奧理告訴我的勵志短句，同時再加上一些自己發掘的短句。我希望你也這麼做。

　　我衷心希望這些短句能幫助你成為一個積極的人，同時也開始幫助別人改變對人生的期望。假如我們都做到了，我真的認為我們可以從此改變我們的家庭、社區與世界。

　　謝謝你拿起了這本書。你有興趣成為一個積極的人，這點讓我深受鼓勵。學習這些短句，每天都將它應用在對你最重要的人身上。

　　有些短句可能讓你覺得難以啟齒，但請練習說出來，你一定會有收穫。我衷心相信，我們都有能力讓這個社會與世界變得更積極。祝福你實行順利。

理查・狄維士

積極的藝術

積極的心態會改變你和你的想法，讓你擁有提升他人的能力。當你開始尋找善的一面，就會對萬事有比較正面的看法。

我很榮幸於 2007 年獲頒「諾曼・文森・皮爾積極思考獎」（Norman Vincent Peale Award for Positive Thinking）。

　　當我與終身友人兼事業夥伴安洛（Jay Van Andel），在 1940 年代後期開始銷售紐崔萊（Nutrilite）維他命時，我閱讀的其中一本書就是皮爾博士的《積極思考的力量》（The Power of Positive Thinking），也曾邀請他來紐崔萊業務大會中演講，因此與他熟識。

　　皮爾在學生時代非常害羞，一位大學教授鼓勵他要相信自己，相信神會幫助他。他開始祈禱並且相信自己，後來開創了積極思考的概念。他曾說，他的快樂促使他去關心不快樂的人。

　　不快樂的人將無法發揮創造力，而社會也將因此折損資源，這點令他憂心。於是，他決定要改變這個情況，以演講與出書分享他的想法。

　　「諾曼・文森・皮爾積極思考獎」每年頒獎表揚具下列貢獻的人士：「以信念關懷人群，致力於改善世界，展現積極思考力量，並啟發人心」。我不確定自己是否符合這個崇高的條件，但它卻與我寫本書的目的契合。

　　整體來說，打從有記憶以來，我就是個積極

的人。雖然我成長於經濟大蕭條時期，但我的童年非常快樂。我一生都在努力啟發他人運用才能、發揮潛能。身為安麗公司的共同創辦人，我曾以演講激勵過全世界無數的安麗人，希望他們透過安麗事業成就自己的夢想。

我也是全美籃球協會（NBA）奧蘭多魔術隊（Orlando Magic）啦啦隊隊長，同時也帶領故鄉密西根州大湍流市（Grand Rapids）持續建設與發展。

我知道積極思考與鼓勵對領導與進步非常重要。不論你身負引領公司或子女的責任，你都會發現積極思考極具感染力，同時也是促成改變的強大動力。

我的父親即使在大蕭條時期失去工作，仍始終保持積極，也總是不忘鼓勵我。我與安洛即使遭遇種種挫折，仍懷抱想自己創業的理想。

我們曾租借一個可容納兩百人的大會堂，為紐崔萊產品進行直銷商入會說明會，結果只有兩個人到會場！但我們仍保持積極的態度，建立了一個超出我們想像的事業。

人們為我們的成就道賀。然而，我們並沒有花太多時間回顧過去的成就，因為我們始終忙著思考下一步該做些什麼。

放下懷疑批評的態度

　　人們雖然偶爾需要發洩情緒與抱怨，但他們會受到積極的人的吸引，並且追隨散發積極光輝的人。我曾向擠滿體育館的聽眾演講，但在我早期的演講中，有一次的對象是四十位會計師。於是我開始思考自己該說些什麼，並且把早期發展事業時所經歷的正面事物一一註記下來。

　　我曾聽聞許多演講者希望藉由批評這個世界，來證明自己的聰明才智、獲得名聲。他們找到可批評的對象，讓自己成為「評論專家」。

　　我告訴那些會計師，我不打算當個評論者；我要告訴他們這個國家發生了哪些好事。那次演講之後，我又向其他團體傳達正面的訊息。我演講的次數愈多，人們的回應就愈熱烈。

　　過去曾經有一段時間，人們開始懷疑民主制度，並視社會主義為未來的希望，於是我向人們指出身為自由的美國公民所享受到的種種好處。一旦我開始談論這個主題，人們就會提供更多的資訊，做為我下次演講的題材。

　　有一天，某個人拿了張清單給我，上面列出

了美國與蘇聯生活水準的優劣比較。這張比較表充分顯示，我們有太多的理由要抱持積極而非消極的態度。

於是我開始使用這張清單，這些例子成為強而有力的工具，提醒美國人自己是多麼幸運。我發現，聽眾喜歡聽到有人提醒他們，該如何以及為何要養成習慣，在自己與他人的生命中看見美好的一面。

我向那群會計師傳遞的簡單訊息，後來成為「推銷美國」（Selling America）演講稿。我曾向全國無數的聽眾發表這篇演講，後來也被錄音下來，並獲得自由基金會（Freedoms Foundation）所頒發的「亞歷山大漢彌頓經濟教育獎」（Alexander Hamilton Award for Economic Education）。我發現我愈是談論積極的態度，人們愈是愛聽。

這也許是因為人們渴望聽到正面的訊息，因為世界上充斥著傳達負面訊息的人。只要看看任何一份報紙上的讀者投書就可以知道。

挑錯很容易，而且是一種自然的本能。又或許是因為我們從小就被教導要保持懷疑的態度，我們知道假如某件事聽起來太過完美時，它往往不是真的。

讓積極變成習慣

　　我對本書的期待是鼓勵人們變得積極。這可能需要花點精力與自我再訓練，但只要付出，必定有豐富的收穫。積極的態度是一種選擇的結果，就像是走到對街避開麻煩，或是在自覺走錯方向時掉頭往回走一樣。

　　一旦我們做了選擇，積極就變成了一種習慣。例如，當我們遇見某人時，可以一邊傾聽，一邊從對方的話語中，搜尋他最近做了哪些好事。假如你調對頻道，你聽到的都會是好事，因為每個人多多少少都會自誇。

　　因此，假如我們表現出有興趣傾聽的樣子，就會得知對方想要做的好事。然後我們就可以用恰當的積極短句回應：「你一定辦得到！」「謝謝！」「我以你為榮！」這些話會自然從你口中說出來。

　　積極的心態會改變你和你的想法，讓你擁有提升他人的能力。當你開始尋找善的一面，就會對萬事有比較正面的看法，包括對你自己和你正在做的事。

只要養成從別人身上找出優點的習慣，你的自尊也會隨之提高。這是因為當你開始看見別人的優點時，別人也會開始發現你的優點，並因此讚美你。這是一種自我實現。

善用勵志短句

高中畢業時，《聖經》課老師在我的畢業紀念冊上，寫下了一個令我終身難忘的句子——它只是一行鼓勵的短句：「祝福一個在神的國度裡有領導才能的年輕人。」

他送給我的這句話很簡單，但對當時年少的我來說卻是極大的鼓勵，因為我的學業成績並不好，而別人也曾說我不是讀書的材料。但這位我敬愛的老師卻認為我是個領導者！哇！我從來不曾這樣想過。

一句簡短的話可能改變某個人的一生。因此，請你自問，你說出的是什麼樣的話語？你聽到的又是什麼樣的話語？你要為別人創造一個負面的氛圍，還是鼓勵的氛圍？你打算潑人冷水，還是鼓舞他人？

我決定要當個鼓舞他人、豐富他人生命的人。這就像說出這些力量強大的短句一樣簡單：「我以你為榮。」「我需要你。」「我相信你。」「我愛你。」這些話可能改變某些人的一生。因此，你應該時常對人們說出這些話。

　　本書的原則適用於所有人，但對於有意成為領導者的人來說，這些話必須恰當使用。偉大的領導者都具備了率先朝向積極方向改變的特質。

　　不論你是公司的領導者、老師或教練，或是身為父母或祖父母，這些力量強大的短句都會對你有所幫助。

　　想想那些由於態度積極而有卓越成就的人。你說得出名字的美國總統，都是由於帶領國家度過難關而名留青史。

　　小羅斯福總統（Franklin Roosevelt）在第二次世界大戰期間的「爐邊夜語」，並非負面故事。

　　雷根總統（Ronald Reagan）則是個絕佳的說故事者。他處理過許多難題，但總是幽默以對。他永遠令人開懷大笑，因為他總是能在任何議題上看見好的一面。

　　甘迺迪總統（John Kennedy）知道必須為國家創造積極的目標，於是他說：「讓我們上月球

去吧！」他帶領美國向一個更高更遠的夢想挑戰。結果全國人民欣然接受，並於 1969 年實現了這個夢想。

領導者尤其需要開發此項特質，記下這些勵志短句，並朝積極的方向努力。我們的國家目前非常缺乏領導者，我們需要有人站出來做事，各方面皆如此。領導者是我們其他人追隨的典範。

群體氛圍的重要

經驗也告訴我，人們可以共同在社區內創造出積極的氛圍。最近幾年，有些積極人士帶領我的家鄉大湍流市，創造了驚人的進步。

幾年前，我在家鄉的會議中心開幕晚宴上演講。我告訴大家，我們正處於最佳狀況。聽眾大概對我說的話大感意外，因為當時會議中心外正下著大雪，氣溫極低。

但我指的不是天氣狀況，我指的是有一群積極的人，正共同努力改善我們的家鄉。我們共同創造了這個壯觀的會議中心：社區領導者發想了這個願景，政府與捐款人提供資金，營造商提供

建築工人,甚至連最容易被忽略的會場服務人員也貢獻了一己之力,以專業能力為兩千五百位賓客提供熱騰騰的晚餐。

在社區的範疇之外,態度積極的人也對我們的國家,甚至是這個世界,帶來了極大的影響。假如每個人開始變積極,開始往好處看,同時開始稱讚彼此而非抱怨找碴,這個社會將會發生巨大的改變——變成一個彼此提升的社會。

我們也因此更加努力工作、更懂得思考、想出更多點子、懷抱更遠大的夢想、做出更大的貢獻,覺得自己和這個世界都變得更加美好。

我們的國會議員與總統必定想出過一些好的政策,必定也做過一些對的事。然而,兩大政黨的政治人物卻講不出一句稱讚對方的話。當我們不再進行辯論或建設性的批評,而是互相貶低指責時,我們所創造的氛圍讓積極鼓勵變得毫無用武之地。

做個激勵人心的人

我非常喜愛〈腓立比書〉(Philippians 4:7-9)

的幾節文字：「凡是真實的、可敬的、公義的、清潔的、可愛的、有美名的，若有什麼德行、若有什麼稱讚，這些事你們都要思念。」

假如每個人都認真思考這些文字的含意，這個世界將會變成什麼模樣！這是激發我寫這本書的原因，也是我認為積極的訊息對今日世界如此重要的原因。

有一個簡單的方法可以鼓勵人們轉向積極，那就是對他們說出本書提及的幾個短句。這些話既不艱深、也不標新立異，但重點就在此。這些平凡、不起眼的簡短話語，蘊含了極大的力量，一旦釋放，將可對人們的一生產生深遠的影響。然而，本書絕不僅止於這些短句。

一旦決定採取積極的態度，我們的人生、社區，甚至是整個國家與全世界，也將隨之改變。我衷心相信現在是國家重生的時刻，我們需要採取積極的思考方式與積極的行動，療癒人際關係，讓所有人為了共同目標團結起來。

就和那些啟發人心的美國總統與其他領導者一樣，當你鼓舞他人並激勵他們做更多事時，你就在改善現況了。

我堅信本書所傳達的訊息，對現今的社會極

為重要。每個社會都需要有人站出來鼓舞、激勵、振奮大家。這些人就是推動世界的人，而你也可以成為其中一員！

■ 積極的藝術

「我錯了」

對積極的人來說,「我錯了」這句話擁有強大的力量,因為它可以消除緊張關係、讓協商順利進行、讓爭論休止、讓療癒開始,甚至可以化敵為友。

我選擇以「我錯了」開始，因為這是最難以啟齒、也是最容易流於形式的一句話。認錯是一件很難的事，甚至是對自己承認都很難，而要大聲對別人說出「我錯了」更是困難，尤其是面對我們最在乎的人，或最希望對方在乎我們的人。

這是我多年前學到的教訓，當時我的妻子海倫要動白內障手術。醫師說早上入院動手術，晚上就可以回家了。

這樣的規畫對我來說很好，但海倫說：「不行，我不想匆匆忙忙趕去醫院。我希望前一晚先住院，放鬆心情，得到完善的照顧。」

我當時只顧慮到此舉對自己造成的不便，因此嘀嘀咕咕地抱怨提前住院需要多花時間和費用。結果，海倫仍然在前一晚住院。

第二天，醫師讓我進手術室旁觀，我因此得以透過放大設備觀看手術進行，看著醫師以精細的動作取出原有的眼球晶體，並製造一個可放置人工眼球晶體的空間。

當我觀看著精細複雜的手術時，突然領悟到這其實是件大事。我驚覺到，海倫確實需要在手術前獲得充分的休息並放鬆心情。而我只顧自己方便，想要速戰速決。手術完成後，我向海倫道

歉；我告訴她，我錯了，她才是對的。

這一生中，我向海倫道歉過好幾次，因為她是一位非常聰慧的女士；此外，我也犯過幾次錯。不過至少我學會了一件事：若是一開始就細心洞察別人的心思，就能大大降低事後道歉的機率。

誠心認錯能營造積極氛圍

「我錯了」若只是有口無心，就沒有任何意義。我們通常必須經歷內在的深刻改變，才可能發自內心地道歉，因為我們必須先接受自己可能會犯錯的事實。

認錯固然不好受，但我們必須了解，犯錯是人性的一部分，每個人都會犯錯。我們也必須知道，當我們向別人認錯時，也可能對別人產生了好的影響。

認錯的行為證明了我們有改變的意願，並可啟發別人做出好的改變。這影響來自我們向別人坦承自己的行為或想法錯了。

「我錯了」這幾個簡單的字，也可以讓我們

的態度變得更積極。當我們決定認錯時，就創造了積極的氛圍、而非消極的氛圍。因此，假如你錯了，那就承認吧！

創造消極氛圍的組織多不勝數，因為沒有人願意說：「我可能錯了，你才是對的！」假如在工會協商、國會辯論或與家人爭吵後，在餐桌上說出這句話，結果會如何？根據我個人的經驗，認錯將會大大消除現場的火藥味。

居於領導者地位的人尤其難以認錯。領導者應該要有遠見、有足夠的聰明才智考慮過所有的觀點，並為追隨者照亮道路。很遺憾的是，即使是領導者，有時也必須承認自己錯了。

我有時會提議一個新方法或是引進一個新產品，並且自信滿滿地認為已經考慮過所有可能的問題。當有人問：「你想過這點或那點嗎？」我一開始的反應一定是：「哦，當然，當然想過。」

現在回想起來，我當時可能沒有真正思考過那些問題。事實上，我根本就沒想過那些問題！一個觀點不同的人，注意到一些我壓根兒沒想到的事。

在這種情況下，有兩個選擇：為了維護尊嚴

設法掩飾自己的失察，或是直接承認：「你說的對！我錯了！不知為什麼我竟然忽略了那個部分。」

認錯可讓你修正錯誤，並與對方一同找出解決方法。認錯讓你有機會從錯誤中學習，並從他人的觀點獲益。我當時沒有接受員工的意見，而這不是尊重他們的做法。

由於選擇承認錯誤，我學到了了解員工的觀點是極有價值的事，並發現在發展安麗事業的早期階段進行例行會議的重要性。我們稱這種會議為「暢所欲言」會議。

每隔幾個月，我們會從每個部門挑選一位代表見面。他們可以自由發問、提議，或甚至抱怨，大自制度面的問題，小至自動販賣機所提供的食物。

「暢所欲言」會議讓員工知道，領導人並非無所不知、無所不能，我們也會犯錯，而且尊重他們的意見。

我們根據員工在這些會議中提出的建議採取行動，公司因此漸入佳境。我讓員工知道，假如我犯了錯，一定會向他們坦承。那是我們做過最明智的決定之一。

衝突起於自以為是

　　假如我們總是堅持自己是對的，可能會讓我們與朋友或家人之間產生嫌隙。有時我們會為了證明自己是對的，而與他人發生不必要的爭執，事後才發覺自己的舉止很幼稚。

　　安洛與我已維持了五十多年的朋友與事業夥伴關係，假如我們無法在所有重要的目標與運營決策上達成共識，將無法擁有如此難得的成就。

　　安洛比我年長，所以他擔任董事長，而我擔任總裁，董事會的成員只有我們兩人。我們之間達成一個共識，那就是任何營運決定都必須經過兩人同意，才可以付諸執行。

　　在發展安麗事業的早期階段，我曾出於虛榮而想買一輛更大的車。我們所贊助的經銷商開凱迪拉克（Cadillac）豪華轎車，而安洛與我開的則是普通的普利茅斯（Plymouth）和德索托（DeSoto）。

　　大湍流市一家汽車經銷商有一輛極為精緻優雅的培卡特（Packard），我非常想要這輛車，於是沒有詢問安洛的意見，就買下它做為公司車。

我後來向安洛道歉,而他也不追究。他說:「沒關係,你做了決定,而這個決定讓你很開心。」我的私心順利得逞,但我違反了公司的政策,那就是資本支出必須獲得兩人的同意。

那麼,我們曾為何種重大營運決策起爭執呢?不知道你相不相信,當安麗廣場飯店(Amway Grand Plaza Hotel)於1980年代初期開幕時,我們曾為頂樓餐廳的服裝規定起爭執。一個微不足道的小決定,卻引發了我們之間最大的衝突。

這個位於新落成飯店二十六樓的天鵝座餐廳(Cygnus),是大湍流市的第一個高級餐廳。我們爭論不休的是,是否該要求客人穿著正式服裝進入餐廳,也就是男士要穿西裝打領帶,還是不如此嚴格要求,好讓更多人到此用餐。

在長期的合夥關係中,那是唯一一次我們當中有人使用了否決權。所幸,我們的友誼非常穩固,餐廳的服裝規定後來變成了小事一樁。

虛心帶來成長

然而,朋友與家人之間的關係有可能由於更

小的爭執而變淡或結束。對大多數的人來說，坦承犯錯不僅有損自尊，也是最難以啟齒的事。

但是，隨著我們的成長，在成就多於錯誤、而且內心不再如此脆弱時，認錯會變得比較容易。隨著年齡的增長，你一生中所犯的錯讓自己和其他人漸漸知道，你並不是一個完美的人。

我們年少時正努力建立自己的地位，因此很怕承認錯誤。但事實是，承認錯誤可以解放自己與他人，同時也是成熟的表現。承認錯誤是力量的表徵——表示我們夠謙遜，沒有自負到不願認錯。人們欣賞謙遜的人，沒有人喜歡自認為無所不知的人。

說出「我錯了」，也是療癒過程的開端。當一個孩子從罐子偷拿餅乾被人贓俱獲時，他的第一個反應往往是否認、防衛、合理化，以及找藉口。就和孩子一樣，我們的第一個反應是惱羞成怒地自我辯護，而非向自己或他人承認錯誤。否認與合理化是無用之舉。

唯有當我們重視人際關係的療癒更甚於自我防衛時，才有可能成長。了解「人非聖賢、孰能無過」的道理，能讓犯錯不再那麼可怕。

唯有坦承犯錯，才能真正療癒我們對別人造

成的傷害。假如不願認錯，就可能在他人心中種下怨恨的種子，並留下未治癒的傷口。

我們無法不犯錯，而否認這個事實只會帶來自負與衝突。我們生來就不完美，造物主也不打算創造完美的人類。完美主義者所做的每件事都必須是完美的，但有誰能辦到呢？因此，將錯誤一笑置之──自我解嘲吧！自負無法讓你成長，而誠實與謙遜可以帶領你走向成功。

同時療癒身心

坦承犯錯甚至可以同時療癒生理與心理。醫學研究發現，人類的生理健康與心理健康之間的關聯，愈來愈密切。我雖然不是醫師，但我認為以認錯代替辯護、以原諒代替懷恨，以及全然地接受自己（包括錯誤在內），可大大減少由於內心的焦慮不安所造成的生理健康折損。

這道理顯而易見。當我們不再背負永遠都要做對的重擔，不必擔心他人會由於我們犯的錯而批判我們時，身心都將變得比較舒暢。

因此，當我向他人承認錯誤時，我的態度是

很積極的。我不會避而不談。假如別人是對的、我錯了，我會公開大方地承認。告訴別人他們是對的，就和承認自己犯錯一樣重要。

我們雖然犯了錯，但大多數人多半能原諒我們，甚至將這件事拋在腦後。我們也可以在別人犯錯時原諒他們，做為回報。我所能想到最好的例子，是福特總統（Gerald R. Ford）。

當福特總統於2006年的聖誕節次日過世時，不僅我失去了一位好友，美國也失去了一位深受敬重的領導者。

福特是我的同鄉，他曾是得過全國冠軍的密西根大學美式足球隊的明星球員，也曾擔任國會議員多年。當這位鄰居好友成為美國總統時，我既興奮又驕傲，而參加在大湍流市舉行的喪禮時，我感到極為悲傷。

福特過世後，有一則新聞提到他生前是個謙遜的人，並曾公開表示他在擔任總統期間一直仰賴神的指引。福特總統的正直與信仰在他特赦尼克森（Richard Nixon）時顯露無遺。他明知此舉可能會不利於他1976年的總統選舉，但仍然做了自己認為正確的事。

他在對全國人民的演講中指出，假如他無法

以正義與仁慈對待他人，怎能期望神以正義與仁慈待他？為了要療癒國家的傷口，他超越了政治與個人得失，原諒並忘卻尼克森所犯的錯。

福特總統用行動讓全國人民知道，國家的未來遠比某位前任總統的下場更為重要。

當我們怨恨而非原諒某人時，會浪費更多力氣。我們也必須原諒自己，因為只要向神懺悔，都會得到神的原諒。我能想像福特總統在白宮的橢圓形辦公室，費盡心思想要癒合國家的傷口。

由於他急於讓國家向前邁進，因此得到一個結論，那就是身為基督徒與國家領導人，他必須透過特赦，讓全國人民把往事拋在腦後，開始向前看。

我們也可以做同樣的選擇。對任何人心懷怨恨，或是由於過去的錯誤滿懷罪惡感，都不會比積極的未來更重要。

信仰幫助滌清心靈

我常在演講時如此自我介紹：「我只是一個在神的恩典下得到救贖的罪人。」這個介紹詞源

自二十年前，當時我應邀向一群嚴肅的底特律商界人士演講，他們聚集在一家華麗的飯店，等著聆聽我的成功故事。

大多數的聽眾只知道我在事業上的成就。主持人滔滔不絕地盛讚我建立跨國企業的成就，同時列舉我曾得過哪些獎項、擔任哪些公司的董事會主席，以及獲頒哪些榮譽博士學位，他的介紹詞似乎沒完沒了。

當我終於得以站上講台時，我感謝主持人的讚美，然後向聽眾解釋，他們應該知道我的真實面貌──我其實「只是一個在神的恩典下得到救贖的罪人」。

這句話很自然地脫口而出。從此以後，我時常用這句話做自我介紹，因為信仰是我人生中最重要的資產。

我成長於密西根州，密西根的冬天時常下大雪。我還記得下雪時，雪花在街道上飄落並遮住街燈的情景。當我們在冬天早上起床時，會發現整個世界變成一片雪白。看著剛落下的純淨白雪，我們可以理解為何《聖經》〈詩篇〉作者以白雪做為象徵，祈求神原諒、洗淨。

很難想像世界上還有任何事物，比晨光下閃

閃發亮的雪地更加潔白。神的恩典可以讓我們變得比雪更純淨。不論我們過去做過什麼感到懊悔或羞恥的事，或是希望自己不曾說出某些話，神都可以洗淨一切，不留一絲痕跡。

以信心冒險前進

對積極的人來說，「我錯了」這句話擁有強大的力量，因為它可以消除緊張關係、讓協商順利進行、讓爭論休止、讓療癒開始，甚至可以化敵為友。

對大多數人來說，「我錯了」這句話帶有風險。承認錯誤可能有損自己的權威、可信度與地位，但人生中有價值的事物，往往都需要冒點風險才能獲得。

在事業上，我常以個人的航海經驗做為冒險的例子，告訴人們：站在岸上永遠無法學會航行。我常告訴大家一個故事，安洛與我在第二次世界大戰結束不久後，出售了早期投資的事業，買了一艘木製舊帆船。

我們從康乃迪克州出發，沿著海岸向南航

行,目的地是南美洲——但我們兩人都不曾駕駛過帆船。結果,我們曾在途中迷失方向,也曾經擱淺,甚至偏離航線太遠,海岸巡防隊費了好大一番功夫才找到我們。

那艘漏水的船最後在古巴海岸邊沉沒,但我們仍用其他交通工具繼續前往南美洲。我們從這個經驗學到了寶貴的教訓——要以信心冒險前進。假如要等到備齊所有必需的知識與經驗才出發,那麼你將永遠不會冒險或達成任何目標。

安麗公司冒著極大風險在澳洲設立第一個海外分公司期間,我對直銷商做了一場名為「四方的風」(The Four Winds)的演講。

我告訴他們,風來自四面八方,我們有時候是順風,有時是逆風。是否能成功,取決於我們如何面對來自四面八方的風。

在那段期間,我時常在密西根湖航行。西風很輕柔,我會隨著微風航行。偶爾,風向會轉為東風,那時我知道,我面臨的是不尋常且無法預測的天候。潮溼的季節結束後,冷鋒的尾巴會在密西根湖面掃起西北風,湖水會變得波濤洶湧,那麼,你必須知道如何駕御自己的船,才能脫離危險。

勇於面對

對我來說，不論是否順風，我永遠懷抱希望。當你在船上時，風會帶來許多令人不安的狀況。人生也是如此。而那些令人不安的狀況——也就是我們的處境起的變化——可能讓我們成功、也可能讓我們失敗。成功與失敗並非取決於我們如何面對順境，而是取決於我們如何面對逆境。

船上的水手在逆風時可調整風帆，當我們面對犯了錯的逆境時，必須調整思維，接受錯誤並思考如何與對方一同解決問題。

鼓起勇氣說「我錯了」，就是解決問題的方法。這個做法具有風險，卻非常值得，唯有真正開口說出「我錯了」，你才會知道受益無窮。

我現在再也不會因為害怕，或出於固執或畏懼而不說「我錯了，你才是對的。我很抱歉，請原諒我」，而危及與家人和朋友的關係。人生苦短。一個人的自我意識，沒有大到或脆弱到無法以簡短幾個字來療癒與修補關係。

「我錯了」能改變我們的態度，當我們開始試著變積極時，就可以與他人建立健康的關係，

並因此受惠。犯錯已經夠讓人難受了,更何況是向他人認錯。但我們都必須學會這個令人痛苦的教訓。

　　你是否曾經深知自己犯了錯,卻沒有真正向自己或當事者坦承?假如你向對方說出「我錯了,你才是對的」,情況會如何?試試看吧。你將發現,這不如你想像中那樣可怕,而且會愈來愈容易。

「我錯了」

「我很抱歉」

一旦我們決定向對方道歉,許多問題很自然就消失了。所有的憤怒與情緒都不見了。這些正面的結果,遠比不願意承認自己有缺點,或擔心可能危及地位與有損自尊來得重要多了。

在說「我錯了」的同時，我們必須因此感到抱歉。當我們做錯事時，有可能傷害到了別人，因此，不能只是口頭或反射性地認錯——只是說出對方才是對的，而我們錯了。當我們錯待他人時，對方必定有所反應，並且會表達憤怒之意。

我們必須讓對方知道，我們真誠地為自己的行為感到抱歉。要自我辯護很容易，但令人驚訝的是，一旦我們決定向對方道歉，許多問題自然就消失了。所有的憤怒與情緒都不見了。這些正面的結果，遠比不願意承認自己有缺點，或擔心可能危及地位與有損自尊來得重要多了。

主動道歉可免除紛擾

我最小的兒子道格在青少年階段曾多次聽我演講，主題是可發揮強大力量的許多短句，包括運用「我錯了，而且我很抱歉」。

我在演講中指出：「對別人說這句話的好處，是可以快速中止爭執。一旦一方承認錯誤並道了歉，那還有什麼好吵的？」

有天，道格過了門禁時間卻還沒有回家，我

在家中等門。時間愈晚，我就變得愈煩躁。我已經打算在他一進門時就予以嚴厲斥責。家裡的大門終於打開了，道格躡手躡腳走進來，看到我正在等他。

他知道自己回來晚了，也知道我在生氣，但他並沒有找任何藉口。他只是很簡短地說：「爸，我錯了，而且我很抱歉。」

我本來很生氣，但在道格認錯道歉後，還有什麼話可說？況且，我覺得他是發自內心說出這句話──至少在那個時刻是如此！

「我錯了」和「我很抱歉」時常連結在一起。它們真的能讓道歉發揮療癒的效果。「我很抱歉」時常緊接在「我錯了」後面，但也可以獨立使用。就和「我錯了」一樣，它是我們必須學會說的一句話，而且非常難以啟齒。

政治人物與名人若學會說這句話，將得到許多好處。你最近一次聽到知名人士因行為不檢或犯錯而公開道歉──說出「我錯了」──是什麼時候的事？他們比較常做的事，是以言語為自己辯護。

從說謊或發生醜聞的總統與國會議員，到犯罪或行為不檢的搖滾與運動明星，我們聽到了許

多編織出來的公關辭令與合理化的說詞,鮮少聽到有人簡單地說出一句「我很抱歉」——除非他們被逼到別無選擇。

事實上,假如他們主動在事發後立即真誠地道歉,大眾很可能會欣賞他們謙卑的態度,並因此同情、原諒他們,甚至很快就遺忘這件事。簡短的幾個字,就可以讓他們避開後續一連串的負面追蹤報導。

接納不同的觀點

當我們決定採取負面的路徑而非正面的態度時,可能會出現自我辯護(用言語掩飾而非明白認錯)、責怪他人,以及規避責任的情況。這類行為會讓社會朝向負面發展。

今日我們在華盛頓特區的領導者身上,看到了這種負面的傾向。美國以道德建國,我們的領導人為了全國人民的福祉,經過深思熟慮與辯論後做出決策。

為了找出最好的解決方法,領導者必須接納與尊重不同的意見。不同政黨可以對國家的目標

有不同的看法,但歸根究柢,他們必須承認大家都是美國人,任何一個政黨的成員所提出來的意見,都值得眾人思考與尊重。

根據我與政府打交道的經驗,我發現政府現在已經不歡迎辯論。共和黨與民主黨員抱持著「不聽我的就別想做」的心態。民主黨員口中擠不出一句讚美共和黨籍總統的話,共和黨員也找不出民主黨所提出的法案有什麼優點。

事實上,任何議題的任何一面都有優點。我們必須學會欣賞他人的觀點,並願意為了某些立意良善的法案妥協。

設身處地為他人著想

能夠說出「我很抱歉」,表示我們能理解別人的觀點,希望與他人保持良好的關係,同時也能虛心接受他人的觀點與優點。唯有理解他人的感受時,才可能做出向他人道歉的決定。

我們不只要從自己的角度出發,認為道歉是承認自己犯了錯,還要從另一個角度思考,了解道歉可為被錯待的對方帶來好處,並對他們的人

生產生積極的影響。

迪士尼（Walt Disney）在 1980 年代後期寫過一些令我大為震撼的文字，我根據他說過的話寫了一篇演講稿。

迪士尼說世上有三種人：「下毒者」（Well Poisoners）落井下石，這類人會批評他人並試圖害人，而非助人；「割草者」（Lawn Mowers）自掃門前雪，這類人循規蹈矩地工作、繳稅與照顧家人，但不會跨出去幫助別人；「美化者」（Life Enhancers）透過立意良善的言語與行為，讓別人的人生變得更美好，並在離開這個世界時留下一個更美好的世界。

我以貝拉德女士（Elizabeth Ballard）於 1976 年所寫關於湯普森小姐（Miss Thompson）的故事，做為這個演講的結尾。你能在司輥道（Charles Swindoll）的《棄俗尋真》（Quest For Character）中找到完整的故事。

簡言之，這個故事裡有一對師生，學生由於缺乏正常的家庭生活與關愛他的人，在班上的成績並不好。由於他的成績以及衣冠不整的外表，湯普森小姐並沒有特別注意到這個學生，直到聖誕節期間發生了一件事，才改變了這個情況。

每位學生送給湯普森小姐的禮物，都是他們的父母所購買的新禮物，而這個既不討人喜歡、成績也不好的學生送給她的，是一只俗氣的假鑽手鐲和一瓶廉價香水，這些都是他母親留下來的遺物。

　　其他的學生看了他送的禮物後全都放聲嘲笑，但湯普森小姐卻戴上手鐲，噴了一些香水在身上，同時稱讚他所送的禮物，止住了全班同學的笑聲。

　　那天晚上，湯普森小姐為這個學生祈禱，請神原諒她過去忽略了這個缺乏關愛的孩子，並發誓此後要從這個被忽略的孩子身上看見優點。兩人的友誼一直持續到男孩從醫學院畢業，男孩結婚時還請湯普森小姐坐在男方母親的位子上。

　　就和良善的撒瑪利亞人（Good Samaritan）的故事一樣，湯普森小姐的故事提醒了我們：我們有幫助他人的義務。湯普森小姐的故事之所以特別，是因為大多數人選擇忽視需要幫助的人。

　　我們可透過積極的態度與勵志短句與他人連結。我們應該放棄自我辯護與責怪他人，並以同情代替批評、以謙遜代替傲慢。這也是說出「我很抱歉」的能力如此重要的原因。

積極表達抱歉之意

還有許多情況是你沒有犯錯，但可以表達遺憾：「我很遺憾你失去了一位親人。」「聽到你生病的消息，我很遺憾。」「我很遺憾你沒有得到那份你努力爭取的工作。」

當我們向他人致哀，或對他人遭遇的困境表示同情時，我們也展現了同理心與謙遜。

當兒孫在成長過程中遭逢挫折時，我們也可以伸出援手。有些事情在成人眼中只是小事，但對年幼的孩子來說卻非常令人難過，因為他們正值想要證明自己的能力，以及尋求大人肯定或避開難堪處境的階段。

有時候，我會從一個孩子的心情或行為，看出他那天遇到了挫折。不是每個孩子都可以選上校隊，或被選為演出的主角。在這個時候，我們可以給他們一個擁抱，並告訴他們：「我很遺憾結果是如此。你的努力令我感到很驕傲。繼續努力，我知道你一定辦得到！」

當我們無法完成某項任務或應允某些請求時，也必須說「我很抱歉」。這是另一種道歉：

我對於我做不到的事感到抱歉——「我很抱歉無法出席你的派對」,或是「我昨晚無法和你共進晚餐,真的很抱歉」。我們必須出於愛與尊重,說出「我很抱歉,當時我不在場」。

　我的行事曆上記滿了孫子的各種活動,我會特別注意到我無法出席的活動,而我也必須常說「我很抱歉」。我每天的日程表上有個清單(就在最上方),列出孫子在當天有哪些活動。

　即使無法出席,我也會用電話或卡片讓他們知道,我很關心他們、我以他們為榮,我很抱歉我無法陪伴他們。道歉甚至為我創造了與孫子溝通的機會。

　同時,對他們說「我很抱歉」,也表示我知道他們參加了哪些活動。因此,每當我無法參與某個活動時,我至少會讓他們知道我的心與他們同在,以及我很抱歉無法親自出席。

嘗試過勝於空遺憾

　當我們對過去所做的錯事或誤判感到抱歉,或是因後悔錯失良機或沒有盡全力而感到遺憾,

我們也必須向自己與他人坦承。

　　我現在很遺憾在公司成長的過程中，沒有更努力推動自由與自由企業的價值，其他的企業界人士或許也有相同的遺憾。

　　我們當時的警覺心不夠，沒有力保國家的自由與力求以自由企業制度做為經濟發展的基礎，現在我們所有人將開始嘗到苦果。美國現在正朝向社會主義的方向發展。對於過去不夠積極，我感到很遺憾，甚至有罪惡感。

　　嘗試過（即使後來失敗了）總比事後感到遺憾好。即使我們創業失敗，但得到了經驗、開闊了想法，而且可能比一開始所想更有成就。

　　安洛與我曾合開一家餐廳，結果經營失敗。但至少我發現了兩件事：第一件事是，要開餐廳賺錢是一件很困難的事；第二件事則是，這個行業完全不適合我！每個人應該多方嘗試，了解什麼不適合自己。

主動接近人群

　　我們必須能夠從別人的觀點來看事情，才能

擁有向人道歉的能力。這表示我們必須關心他人——即使是和我們大不相同的人。

大家都說我是個喜歡與人接觸的人。這種人喜歡與人往來、會嘗試去了解他人、對他人有興趣,也會試著從他人的觀點去看事情。

在不了解他人或其處境之前,你將無法真誠地道歉或表達同情。去到安麗廣場飯店時,我總喜歡到廚房或其他員工的工作地點向大家打招呼,並表達謝意。

我也喜歡在安麗體育館(Amway Arena)四處走動,在奧蘭多魔術隊開賽前與工作人員聊天。人們告訴我,當他們看到我總是能在很短的時間內,輕鬆與新搬來的鄰居或候診室裡的病患聊起天來,總是大感神奇。

我的孫子一定不會忘記我接下來要說的這件事。有一次我們到大溪地附近的馬克薩斯群島(Marquesas Islands)度假,我馬上與一位住在海灘小屋的當地居民成為朋友,他大笑時嘴裡只看得到兩顆牙齒。

他相當熟悉這座小島,於是我雇用他當導遊,帶我們去看一座偏遠的瀑布。結果,我們發現這座瀑布是小島上最美的景點之一。

若沒有他的指引，我們永遠也到不了那個地方。假如我沒主動去認識這位陌生人，我們永遠也不會有這樣的經驗。

一句話豐富彼此人生

這就是「我很抱歉」為何有療癒效果的原因。這幾個字讓他人知道，你了解他們的情況，並真正想彌補過失或提供協助。

我們都有這樣的經驗：在與他人起爭執並自知理虧後，鼓起勇氣向對方說「我很抱歉」；到殯儀館向剛失去親人的朋友致哀，絞盡腦汁想找出得體的話來安慰對方；設法安慰一位收到求職拒絕信而喪失自信的朋友。

人生充滿了讓「我很抱歉」這句話發揮大作用的機會。要說出這幾個字可能很困難，不過一旦養成習慣，你將發現，冒險說出這句話不僅非常有價值，同時也能豐富我們與其他人的人生。你將不需要為自己的錯誤或傷人行為，予以合理化或辯解。

說出這句話將可消除沉默所帶來的良心不

安。這幾個字將可豐富致歉對象的人生。說出「我很抱歉」表明了你對他人的關心,以及想要修補關係的渴望;若非如此,這段關係很有可能因而受損或結束。

3

「你一定辦得到」

有「一定辦得到」的心態,一切就會水到渠成。你可以據實評估可能面對的困難,但這些困難只是需要克服的障礙,而非阻止你開始的原因。

有個學生在某大學最近舉辦的晚宴上問我：「像我這樣的年輕人，最需要知道的事是什麼？」我對她說：「你需要培養『你一定辦得到』的信念。如此一來，你就可以完成任何你想做的事。」

她似乎對這個回答感到很意外。也許是因為從來沒有人對她說過這樣的話，因此，我很高興有機會對一個年輕人產生了正面的影響。

「你一定辦得到」這句話，對我的人生具有關鍵性的影響。與你分享這個句子最好的方法，就是告訴你我的個人經驗。我很幸運，從小父親總是用這句話鼓勵我。這句話也成了我的註冊商標，因為我都用它激勵全世界的安麗直銷商。

我時常對我的孩子、孫子，與其他我關心、並希望他們發揮潛力的人說這句話。「你一定辦得到」是我們的家訓，它對我的孩子產生了正面的影響。

雙親的影響

我成長於經濟大蕭條時期，「我可以完成任

何我想做的事」的想法，必定是在那個時期灌輸到腦中。由於父親失去工作，我們全家人被迫搬離充滿我快樂童年回憶的家，住在祖父母家的二樓。我還記得當時自己都睡在屋梁底下。

在大蕭條情況最壞的五年，我們都住在那裡，但對年幼的我來說，日子並不難過。我的表兄弟就住在附近，當時街上的車不多，可以在馬路上玩球。我們把球踢破時，就把破布塞進球裡再用紗線纏緊。

那段期間，我們時常受到錢的限制，於是我開始送報打工。一開始我都是走路送報，直到我賺了足夠的錢買二手車時才停止。當時的我們錙銖必較。

我還記得，有人到我們家推銷雜誌，哭著說他沒賣完最後一本雜誌就不能回家。我的父親老實告訴他，我們家裡一毛錢都沒有。儘管如此，父親仍然不斷用「你一定辦得到」來鼓勵他。

我父親是個非常積極的人，他認為積極思考能發揮很大的力量。他不斷灌輸我們這個想法，即使他的人生不如預期順遂，也從來不因此變得消極。他總是告訴我：「你將來會做大事，會比我更有成就。你會走得比我更遠，也會看到我從

未看過的事物。」

我母親也承認，她以前並不是個非常積極的人。然而，在我父親過世後，有一天她告訴我：「我已經決定了，假如希望你來看我，我就必須變得積極，因為你不會為了聽抱怨來看我。」

結果，她從做決定的那天開始，就變得積極了。她彰顯了我父親的信念，並且「辦到了」。我真以她為榮！

這件事也讓我更加堅定信念，那就是積極是一種決定——只要專注於找尋自己與他人人生中的美好事物，就可以變得積極。它同時也顯示了，假如你是個積極的人，你的態度將感染其他人，而他們也會由於你在身邊而變得不那麼消極。

人生的重大決定

我很幸運能在積極的氛圍中成長。長大後，我以一篇演講稿「三A：行動、態度與氛圍」（The Three As: Action, Attitude, and Atmosphere）來稱頌積極氛圍的價值。我們都希望採取行動，但行動源自積極的態度，因此當我們身處或選擇身

處對的氛圍時,自然會發展出積極的態度。

關係親密的家人對彼此的愛,讓我們在大蕭條中找到快樂、相信明天會更好,這樣的氛圍造就了我。我有幸可以上私立大湍流市基督教高中(Grand Rapids Christian High School)。

為了送我去那所學校就讀,我的父母努力工作,並做了許多犧牲。但我的學業成績始終在及格邊緣打轉──這令我的父親大失所望,並改送我去上公立學校,學習水電工的專門技術。

那時我才突然領悟到自己之前混日子所失去的東西,於是我決定重回大湍流市基督教高中,並告訴父母我打算做些臨時工來賺取學費。重回學校後,我的態度變得比較認真,成績也比從前好,甚至還選上高年級班的班代表。

直至今日,我仍然很感恩有幸到一個著重教育學生信仰、樂觀與努力等觀念的學校就讀,而這些同時也是我的家庭教導我的觀念。

決定重回大湍流市基督教高中並且工讀賺取學費,是我第一次做出必須為結果負責的決定。我那時了解到,我並不想當個水電工,而父親對我的期望或許能為我指引人生的方向。

那位我先前提到改變我一生的老師,也就是

那位在我的畢業紀念冊上寫「在神的國度裡有領導才能的人」的老師，就在那所學校任教。他用另一種方式，表達了「你一定辦得到」的觀念。

與創業夥伴邂逅

高中也是我遇見安洛，並從此展開終身夥伴關係的地方。安洛的父親是汽車經銷商。在那個困苦的年代，全校只有兩名學生家裡有車，而安洛就是其中之一。

我到現在都還記得，同學放學後爭相擠進他家座車的情景——大夥兒塞滿了福特 Model A 的後座與車廂後的摺疊加座，甚至站在車子兩邊的踏板上。我每星期還付他二十五分錢送我上下學。

我們同車時總愛聊對未來的憧憬，這些夢想也為我們未來的創業之路奠定了基礎，而我們也深信自己可以實現夢想。

我回顧精采的一生，包括在多個行業創業、成家生子，以及與孫子共享天倫之樂，這一切都奠定在「你一定辦得到！」的基礎之上。

安洛與我在高中時就約定好未來共同創業。

第二次世界大戰結束後，我們結束海外服役，返回家鄉創立了飛行學校，但我們兩人都不會駕駛飛機。我們也在沒有任何餐廳經營經驗的情況下，在家鄉開了第一家得來速餐廳。後來，我們於 1959 年在自家的地下室創立了安麗公司。

積極帶來作為

　　我就是在如此積極的氛圍中，成長為一個積極的人。父親的鼓勵「你一定辦得到」常在耳邊響起，因此我覺得自己一定能完成任何想做的事。

　　我的妻子海倫稱我為冒險家，因為我常帶著家人到世界各地，到一些她從來沒想過要去的地方。「我們去那裡吧！我們試試這個！」我想，把探索人生當作一場冒險，是「你一定辦得到」類型的人的最佳寫照。

　　我在事業上的成就遠超出自己的想像。能夠運用神賜給我的能力，提供創業機會給數百萬人，同時提供工作機會給數千人、讓他們得以養家活口，以及透過慈善事業與海倫分享我的成功，這些成就都令我深深感受到神的眷顧。

開車上密西根州亞達市（Ada）近郊的鄉間高地，可以看到由多座生產工廠與辦公大樓所組成的複合建築群，範圍綿延了一‧六公里。入口處立了五十根旗竿，設有安麗分公司國家的國旗隨風飄揚。這裡是安麗總公司。

看到這個景象且了解安麗公司成就的人，會將一切歸功於安洛與我，認為我們是有遠見的生意人，成功地規劃了自己的事業。

事實是，我們和其他人沒有兩樣，只是想賺點錢維持生計而已。我們從來沒想過有一天會擁有一家年營業額高達數十億美元的公司，在數十個國家設立分公司，雇用數千名員工，並且協助全世界數百萬人獨立創業。

我們非常幸運，能在積極的氛圍中成長，並擁有上帝恩賜的能力。我們的事業始於「你一定辦得到」的鼓勵，以及慈愛且態度積極的父母與師長所給予的信心。

不放棄嘗試

「一定辦得到」的態度源自一個簡單的思

維。我父親用的字眼是「你一定辦得到」。早在1970年代初期，我就曾以「決定要變積極」為主題，做了一場名為「嘗試或哭泣」（Try or Cry）的演講。

我常開玩笑說，自己常以不同標題發表內容相同的演講。回顧「嘗試或哭泣」的內容，我發現數十年來自己一直在做同一件事，那就是鼓勵人們去發現積極觀點的好處。

我告訴聽眾，人可以分為兩種：一種人願意嘗試，另一種人則是不願嘗試，卻抱怨運氣不好，甚至批評願意去嘗試的人。我告訴他們，在目前這時代，當批評者不僅容易、也很盛行。

我也告訴聽眾，安洛與我曾經嘗試過眾多事業，即使歷經無數次的失敗仍繼續嘗試。我們嘗試過的行業包括：開設飛行學校與得來速餐廳、進口紅木產品、生產玩具木馬與推銷避難室。

第二次世界大戰結束後，學習駕駛飛機的市場並不如預期般快速成長。我們曾因為不懂如何快速製作漢堡，丟掉一盤又一盤做壞的漢堡。

我們也曾在倉庫積存許多製作玩具木馬所剩下的彈簧與木輪多年，就在決定進入玩具木馬市場之際，恰好有一家大型玩具製造商，推出了一

款漂亮的塑膠木馬。

儘管如此，我們還是不斷嘗試。創立安麗公司時，我們對化學、生產、包裝、工程或人力資源一竅不通。我們第一次嘗試操作貼標機時，留在牆壁、地板與自己身上的標籤，比貼在產品上的還要多。

即使如此，我們仍然建立了一個雇用數千名員工、生產數千種產品、由數百萬名直銷商銷售產品的公司。

現在，你在世界各地的安麗分公司，都可以聽到有人說「你一定辦得到」。在日本或中國等亞洲國家，直銷商不僅以這句話彼此鼓勵，也希望我在為他們簽書時順便寫下這句話。這句話在亞洲已經成為一句口號。

這個含意積極的用語已傳遞到世界各地，給那些總是不被看好的人。當安麗在俄羅斯設立分公司時，他們希望我從佛羅里達家中，打電話到一個六百人的大型聚會，對他們說：「你一定辦得到！」

當地的員工告訴我，那次大會是他們所看過最群情激動的聚會。可以自由擁有自己的事業，並且為自己做一些有實質意義的事情，讓這些俄

羅斯人感到興奮無比。

有人告訴我，這些人站在椅子上唱歌歡呼——這場面比較像是一場足球比賽，而非業務大會。「你一定辦得到」的主題，對他們來說極具震撼力！

孩子們的經驗

我的孩子也在「你一定辦得到」的人生主題下成長。我總是告訴他們，他們可以做任何自己想做、而且有能力做的事，我們也相信他們的能力，並且支持、鼓勵他們。

我退休後，由長子迪克繼任安麗公司的總裁。我完全退出，放手讓他經營公司。迪克將公司擴展到全世界，因為他擁有「你一定辦得到」的態度。事實上，這樣的態度讓他得以在國際事業部擔任主管多年。

後來，他自行創業，並在 2006 年決定競選密西根州州長，因為他仍抱持著相同的精神。當他告訴我決定競選州長時，我對他說：「孩子，現在的時機並不是十分恰當，不是嗎？」

我提醒他,他的競爭對手是現任的民主黨籍州長,而且密西根州傾向於支持民主黨。他說他了解這個情形,但堅信自己有能力做一個好州長,並且決意要競選。

選舉之夜,就在選票開出百分之十而迪克落後的情況下,我們仍試著保持積極樂觀,迪克卻在此時走進來,說他剛剛打電話給現任州長,恭喜她順利連任。

當我們仍試著懷抱希望時,迪克已務實地研究過數字與開票區,並且意識到選舉已經結束了。

選舉結束後不久我去看迪克,他告訴我他的心情好極了。他覺得選舉的過程非常愉快,他遇見了全州各地的友善人群,而且得到了非常棒的經驗!即使落選了,他仍然毫不懷疑自己有能力成為一個好州長。在他所做的每件事上,都可以看到「我一定辦得到」的態度。

二兒子丹在擔任安麗高階主管多年之後,也決定自行創業。離開公司需要很大的勇氣,但他也抱持相同的態度,如今丹已經擁有好幾個成功的事業。這也是「你一定辦得到」態度的最佳展現。

當家族中必須有人出來管理奧蘭多魔術隊的

日常營運時，我的女兒雀莉與她的丈夫鮑伯自願接下這份工作，並打算搬到奧蘭多三年，因為他們兩人對運動都非常感興趣。他們都沒有相關經驗，卻絲毫不懷疑自己的能力。

結果他們不只住了三年，後來又多待了八年！他們擁有「你一定辦得到」的態度，並且展現了成果。

小兒子道格就讀普渡大學（Purdue University）時主修企業管理，因為他計劃未來接手管理安麗公司，而這正是他目前在做的事。「一定辦得到」的態度也發揮了很大的作用。

他在就學期間加入了普渡大學的美式足球校隊，擔任候補四分衛，展現了「一定辦得到」文化所培育出來的自信心。他常開玩笑說，他在普渡大學的美式足球生涯，其實只上場過幾次而已。然而他還是辦到了！

做為父母，我們必須在家中創造積極的氛圍。我們必須鼓勵孩子，讓他們知道自己可以做任何打定主意要做的事。

我們必須教導孩子要信任神、也要信任自己，相信神賜給他們極大的能力與才能，來造福這個世界。

畢生難忘的經歷

我所經歷過最棒的「你一定辦得到」經驗之一，是十年前我決定整合大湍流市最大的兩家醫院時。這兩家醫院一直在彼此競爭，假如其中一家醫院設立了新生兒部，另一家也一定跟進。

後來，其中一家醫院考慮在新址重建醫院。身為另一家醫院董事會主席的我說：「在他們開始興建之前，我真的很想試試能否將兩家醫院整合起來。兩家醫院相距只有五公里，合併對全市市民都有好處，這是很合理的做法。」

董事會的總裁回說：「你知道的，以前就有人試過了。」我說我知道，但時代已經不同了，而且我真的想試試看。於是他同意了，成了附議最關鍵的第一人。

我則坐著思考：「假如我們成功了，這真的是一件大事。合併這兩家醫院可能是我人生中所做過最大的事了！」

我鼓勵兩家醫院的董事會共同合作──不要想著合併後哪邊人馬在董事會的席次比較多，或是誰要擔任董事會的總裁或主席。我們一小步、

一小步地慢慢推進，逐漸得到愈來愈多人的認同，最後終於讓董事會合併。

然後，聯邦貿易委員會（Federal Trade Commission）出面干涉，說我們阻礙了市場的自由競爭。他們質問我，身為自由企業制度的忠實推動者，怎能支持不利於自由競爭的行為！但我說服他們，公立醫院與私人企業不同，而法官最後也裁定我們勝訴。

這是一個在面對嚴峻挑戰時，運用「一定辦得到」態度的例子。由於兩家醫院總裁與其他人的支持，雙方現在都比以前更加健全，有各自的醫療強項，為市民提供更完整的服務。

我們在設備、設施與人員方面都創造了群聚效應，創造出多個優秀的醫療中心，成為大湍流市的「醫界表率」，以及市內最大的雇主。

領導人特質

「你一定辦得到」也可以說明美國的立國精神，以及對我來說非常重要的自由企業制度。海倫與我最近贊助了維農山莊（譯注：Mount

Vernon，華盛頓總統故居）的「人民總統美術館」（People's President Gallery），希望藉由展覽維持並重拾全國人民對華盛頓總統，以及其他先人的尊敬與感恩。

展覽品可讓民眾緬懷這位為美國人爭取自由，並建立國家的偉大領導者。華盛頓年輕時是一位勇敢的拓荒者，長大後成為英勇的領導者，帶領美國打贏勝算不高的仗，建立美利堅合眾國，擔任第一任總統。

我也發現，只要參觀雷根牧場（Reagan Ranch），就可以感受到雷根總統的美國精神，與強烈的個人主義、理想主義和努力的性格。

有一次，我有幸參加白宮晚宴，發現不論是誰詢問總統關於政治的問題，他的標準答案都是「辦公時間已過」，然後以一個笑話轉換現場的氣氛。

他全身上下散發出自信與樂觀的氣息，似乎從來沒有遲疑或憂心的時候。他知道自己一定辦得到！他最愛用的一個句子「現在是美國的早晨」，也展現出他的積極觀點。

我也曾有幸在大湍流市立交響樂團（Grand Rapids Symphony）表演柯普蘭（Aaron Copland）的

作品〈林肯的畫像〉（*A Lincoln Portrait*）時，擔任講述者的工作。這個作品結合了振奮人心的音樂，與林肯總統（Abraham Lincoln）曾經說過的話。他本人就是「你一定辦得到」的寫照。

他成長於印第安那州空曠平原上的簡陋小木屋，而小屋裡只有一個房間。儘管他只在幾個草原校舍斷斷續續受過一年的正式教育，後來仍當選了美國總統。這之前，他曾開過商店、競選過眾議員與參議員，但都失敗了。

國家特質

美國出現有「一定辦得到」精神的總統，並不令人意外，因為我們居住在有「你一定辦得到」精神的國家裡。

最早抵達詹姆斯城（Jamestown）的美國先民，在冬天將至之際要在環境惡劣的荒野求生，必定覺得自己一定辦得到，否則就不可能遠渡大西洋而來了。此外，他們還與世界上最強大的英國軍隊對抗，並得以獨立建國，創立美國憲法。

成為「一定辦得到」類型的人有許多好處。

我們可以成為積極的人,鼓勵更多人變成有相同心態的人。我們的積極態度可為子孫創造更多機會,讓他們成就更多大事。

創立安麗公司時,我們思考著:「創立賺錢的事業是件好事,但創業的最終目的到底是什麼?這個事業到底具有什麼樣的意義?除了賺錢之外,是什麼樣的情緒力量在推動?」

在考慮創業時,我們認為這樣的機會對美國來說是很根本、很重要的。有心創業的人都應該有機會達成心願。於是,我們以自由企業做為出發點。

在當時,全世界正朝向社會主義與共產主義的方向發展:卡斯楚(Fidel Castro)剛剛接管古巴;蘇聯正在亞洲與非洲擴展勢力。許多人都說:「自由企業已死。上帝已死。」

人們認為共產主義是未來的趨勢,甚至會擴展到美國。於是,捍衛自由企業成為我們的口號。我們時常遭人譏笑,卻義無反顧地向前行。

最後,「一定辦得到」的精神在美國終於占了上風——尤其是雷根執政時期。他發現,假如以適當的方式獎勵抱著相同心態的人,他們就會做更多的事,然後提供更多工作機會給抱著「一

定辦不到」心態的人。創造更多工作機會、看著失業率下降，才是真正解決民生經濟問題的方法。

積極思考的力量

我們必須鼓勵與支持有雄心壯志、願意冒風險，並努力工作以創立小型企業的人，因為這些人可以創造許多工作機會。一點點的鼓勵就可以創造出非常驚人的成效。

我是「世界夥伴」組織（Partners Worldwide）的支持者。此組織讓不同國家的生意人、農人與自行創業者彼此結為夥伴——通常是美國與第三世界國家的組合。美國可輔導第三世界國家變得更成功。

「世界夥伴」也設有一個小額貸款部門，協助人們購買縫紉機、腳踏車修理機器，或是更好的犁或牽引機——任何一種可以讓工作變得更有效率的機具。「世界夥伴」所幫助過的人，超過半數由於工作效率提高而雇用更多人手。

「世界夥伴」希望能夠募集到一百萬名輔導員。此外，還有一則趣事，這些輔導員後來發現

從商是自己的天職。

他們不只到教堂做禮拜，如今還身兼傳教士。他們所幫助的人也有清楚的「你一定辦得到」意識。這些「一定辦得到」的人不僅獨立創業，同時也雇用其他「一定辦得到」心態的人。

培養「你一定辦得到」的態度，是一件很重要的事。有時，這是唯一可以促使某人完成目標的方法。讓我告訴你一個例子。

國稅局安排了查稅人員長期進駐安麗公司。頭幾年，我曾對一位國稅局人員開玩笑說，我故意把他們安排在大廳工作，不讓他們使用辦公室。後來，一位安麗員工終於忍不住說：「你真的該給他們一間辦公室。」

我說：「為什麼？我可不想讓他們舒舒服服的！」但後來還是提供了一間辦公室。

有一天，我問某位已入駐安麗多年的國稅局人員：「你還在這裡呀？」他微笑說：「我是你的夥伴。」想想看：我是你的夥伴！這位無畏的稅務人員即使身處敵營，仍然堅定「我一定辦得到」的信念。他善盡職責，為此我很尊敬他。

假如不「實際開始做」，你永遠也不知道自己的能力有多少。否則，你將局限自己的人生，

永遠活在「我真希望當時有去嘗試」的悔恨裡。

擁有「一定辦得到」的心態，一切就會水到渠成，上帝會幫助你，給你答案。你可以據實評估可能面對的困難，但這些困難只是需要克服的障礙，而非阻止你開始的原因。

即使你嘗試而且失敗了，也會有力量與勇氣知道自己到底走了多遠，然後再次嘗試，或用其他方法再試一次，或以更大的自信嘗試其他工作。思考自己可以做的事，然後放手去嘗試。格局放大！

有太多人從來不曾嘗試，因為他們害怕──害怕失敗、害怕有人會批判或嘲笑自己、害怕自己的知識或經驗不夠。我想對這些人說：「設定目標，然後放手去做。你一定辦得到！」

4

「我相信你的能力」

想像你對某人說「我相信你的能力」將會產生的影響。你不只是讚美對方或感謝對方把事情做好；你同時也表達出你相信對方有能力完成某件事。

在一場無聲拍賣會上，我得標買下了皮爾親筆簽名的《積極思考的力量》。瀏覽全書之際，我想起自己在創業時深受他的思維影響。

　　那本書的第二章「相信者＝成就者」，尤其令我感到震撼。我們若不相信自己的能力，將無法成就最遠大的目標。幫助他人實現夢想最有效的方法之一，就是告訴他們「我相信你的能力」。

　　「我相信你的能力」不但比「你一定辦得到」更貼近個人，更是後者的擴大延伸。我們尤其會對家人與親近的朋友說這句話，但不一定要實際說出這幾個字，而是可以透過行動來表現。有時，出席某個場合或表明支持某個理念，就等於說出了這句話。

美好的人生始於相信

　　我在三十多年前寫的第一本書，書名就是簡單的《相信！》（*Believe!*）。書裡寫的是我當時相信、至今仍然不變的理念。我希望幫助人們開始相信自己與他人。

我不斷鼓勵人們相信自己，因為對我來說，這是培養更美好的社區、關係更緊密的家庭、更有成就與更快樂的孩子，以及達成事業目標的員工的關鍵。

　　因此，我希望盡一切努力，讓這些人知道我相信他們的能力，並鼓勵他們相信自己的能力，達成超出他們預期的成就。

　　仔細想想，你會發現許多制度都是建立在相信之上。夫妻與家人必須相信彼此。我們必須相信公司的老闆與政府領導者會為我們謀福祉。我們也必須相信自己，相信自己有能力好好照顧自己，達成人生的目標。

　　我們必須保持警覺，不讓他人透過言語或行動貶低我們、削弱我們的影響。人有自我懷疑的傾向，而唱反調的人會強化這種傾向。

　　有太多人一生一事無成、徒留遺憾，只因為他們懷疑自己、而非相信自己──因為他們寧可相信他人的負面意見，也不願親自去嘗試。這些人需要有人告訴他們「我相信你的能力」。

自我懷疑無濟於事

我曾盡一切努力幫奧蘭多魔術隊的球員相信，即使排名與體育播報員都不看好，他們仍然有機會拿到冠軍。背負「魔術」隊名的我們，應該要做最好的示範，相信自己的能力。

多年前，當魔術隊首次打入季後賽，我要球員相信自己可以贏得冠軍。魔術隊從來不曾拿過冠軍，因此球員不相信自己做得到，是很容易理解的事。

他們也許認為，其他球員或隊伍才可能拿到冠軍，自己毫無機會。此外，體育新聞記者與所謂的專家，也說他們年紀太輕、經驗太少。

有一天晚上，我在更衣室對他們說，不要理會所有的負面說法。我問了兩個問題：「為何不是我們？為何不是現在？」這兩句話後來成為我們邁向季後賽之路的精神口號。我們把這兩句話製作成標語貼在更衣室裡。

事實上，我還把這句口號貼在家中牆上，現在仍然會看著它尋求啟發。魔術隊那年並未贏得冠軍獎盃，但我想我幫助了那些球員開始相信自

己,也讓他們知道我相信他們的能力。

「為何不是我們?為何不是現在?」總結了一個概念,那就是我們應該相信自己能夠成就自己想做的事。我們必須相信自己可以成為贏家、成就者、達成目標的成功者。我們必須現在就開始這麼做,因為假如還在等待與遲疑,將永遠無法成就任何事。

後輩需要鼓勵與關切

我們的孩子是最需要聽到「我相信你的能力」的人。給予孩子忠告與輔導,可以讓孩子知道我們相信他們的能力。即使是非常簡單的作為,例如教導他們做功課,也是相信他們的一種舉動。

每當我的孩子拿成績單回家,我和妻子從來不會因為成績不理想責罵孩子。我們會和孩子討論某些科目為何退步,以及該如何改進。我們表現出相信他們可以有更好的表現,並且總是鼓勵他們要盡全力。我們不斷以言行鼓舞他們:「你一定辦得到。我們相信你的能力。」

我們也試著參與孩子所有的校內比賽與表演。現在，我們也盡量參與孫子的所有活動。看台上所有的觀眾都在加油打氣，但父母與祖父母的加油聲對孩子來說最有意義。

當孩子知道我們在為他們加油時，可以幫助他們建立信心，同時也讓他們知道（透過抽空親自出席）我們相信他們的能力。「我相信你的能力」──不論是透過行動、態度，或言語來表達──都會深植在孩子的成長過程中。

我也將類似的觀念灌輸給奧蘭多魔術隊的成員。身為職業運動員的他們雖然極具天分與成就，但還很年輕，非常需要別人的支持與鼓勵。

由於我是奧蘭多魔術隊的老闆，我時常對球員訓話，並盡可能參與所有球賽。我的出席表達了「我相信你們的能力」。

我鼓勵他們每場比賽都要盡全力，我想強調的重點是：「對有些人來說，這是人生中觀賞的唯一一場球賽。」而球迷來到這裡，是為了觀賞籃球菁英的高水準表現。

因此，我們要求球員在球季的每場比賽都要盡全力表現，因為他們很可能沒有第二次機會，為一生可能只來一次的死忠球迷表現。

這個思維也適用於日常生活。大部分人可能只有一次機會在別人心中留下好印象，也可能不再有第二次機會告訴別人「我相信你的能力」，或是讓他們知道我們很重視他們。假如錯失這次機會，就不會有第二次機會了。

　　我也希望球員知道，我很關心也相信球場外的他們。我們夫妻倆會邀請魔術隊的球員、教練與工作人員到家裡聚會，讓他們知道我們把他們視為家人，也把他們當作家人般地相信、關心。

　　球迷看到的是他們在球場上的才華、數百萬美元的年薪，以及上全國性電視台的節目。但這些球員仍非常年輕，有些人甚至不到二十歲。

　　有些球員在二十歲時突然變成百萬富翁，而NBA球員可能是他們的第一份工作。因此，我會提醒他們投資與存錢的重要性，因為球員生涯相當短暫。

　　我也會告訴球員行為檢點的重要性。他們花費了無數時間在球場開發潛力、精進球技，因此，最可惜的就是因為行為不檢而讓辛苦付諸流水。我建議他們不要結交不好的朋友、不要出現在不該去的地方、半夜十二點以前要回到家。

　　這些訓話總讓他們覺得好笑，但我指出，每

當有職業運動員的不當行為被報導出來，事情往往發生在午夜以後，而且都發生在他們不該出現的場所。

身先士卒

我們也可以透過支持他人的嘗試或理念，表明我們相信他們的能力。從無到有創造出東西的人相信自己的能力，但他們也需要其他人的支持與信心來燃起熱情，尤其是在唱反調與表示懷疑的人面前。

海倫與我都希望透過我們的基金會，表達「我相信你的能力」的態度。當我們或其他捐款者率先表示支持某個計畫時，這個舉動比任何公關活動都更有效果。

捐款的舉動昭告世人與其他潛在捐款者，有位知名人士願意相信這個計畫，並且以資金贊助。突然間，有個大人物願意為這個計畫或組織背書，為它的使命增添了正當性。根據經驗，只要海倫與我表達出支持的意願，其他的捐款者也會隨後跟進。

我們的教會在一個世紀前創立了瑞何伯斯（Rehoboth）基督教學校，學生主要是居住在新墨西哥州的美國原住民。瑞何伯斯的教育在幫助學生（許多來自低收入的貧困家庭）培養信心，獲得智能、情感與精神上的成長。這些學生需要相信自己、相信神，並且相信自己有能力創造更好的生活。

多年來，海倫與我有幸得以支持這所學校。我們應邀參加瑞何伯斯運動健身中心的落成典禮，這幢建築是由我們與許多人捐款建造而成。我們透過出席此典禮，向學生表達我們相信他們的能力，並向教職員傳達我們相信他們的目標。

肯定人們的貢獻

「我相信你的能力」這句話也有助於建設社區，凝聚社區成員成就大事。我總是利用各種機會向社區裡的人傳達這個理念，啟發他們完成許多好事。

經過了四十年，大湍流市已經改頭換面。過去幾乎荒廢的市中心，現在高樓大廈林立，每天

都有新的建築物出現。身為社區領導者的我致力於促成這樣的改變，我希望藉由告訴社區建造者「我相信你的能力」，幫助他們完成工作。

每當我應邀在落成典禮、募款晚宴，或是向某商界團體致辭時，我總是試著把「我相信你的能力」的訊息，融入演講中。

我希望他們離開會場時，會開始相信自己可以有所成就，相信自己擁有一個美好的社區，並居住在一個偉大的州與國家裡。我希望他們每個人都相信自己對國家有所貢獻，每個人都扮演了很重要的角色。

我發現，就連總統偶爾也需要一點鼓勵、需要知道人民相信他的能力。福特總統任職期間，每當我到華盛頓特區時，都會打電話到白宮問問他有沒有時間聊聊天。負責幫他安排會面行程的祕書通常會說：「他一定很想見你。他需要見見同鄉、見見不是向他伸手要錢的人。」

做為美國總統，福特有責任做出影響數百萬人的重大決定。因此，我盡可能藉由拜訪來增強他的信心，讓他知道我支持他，相信他的能力，並且在我認為人民認同他的重大施政措施時，表達這個訊息。

互信創造雙贏局面

雖然我們並不像美國總統必須背負維護自由世界的重責大任，但都需要在日常工作中得到老闆或同事的鼓勵，告訴我們他們相信我們能把工作做好。

安麗公司雇用了數千名員工。為了做好分內的工作，他們需要在一個願意相信他人與他人能力的氛圍中工作。

我們最近召開了一個員工會議，其中一位主講者是新來的食品與飲料產品經理。他與大家分享他的個人背景，以及自己如何成功的故事。他是從洗碗工起家的，然後一路升上最高的位階。當他還在洗碗盤時，他需要知道有人相信他的能力，而他也必須相信自己的能力。

相信洗碗工或其他低階工作者的能力，通常是很值得的投資。要相信上位者的能力很容易，但我們也要相信需要提拔者的能力。

多年前，當安麗買下了聯合廣播電台（Mutual Broadcasting System），我們邀請到賴利‧金（Larry King）來主持一個深夜談話性節目。

賴利‧金曾在佛羅里達的地方電台主持節目，但離開廣播界已經三年，而我們是率先邀請他回鍋的人。為我們經營電台的人，曾在佛羅里達與賴利‧金共事過，他說賴利‧金是個很棒的談話性節目主持人。

　　他表示：「假如你們願意給他一個機會，我打算推出一個午夜十二點到凌晨五點的節目。」

　　於是，我們讓賴利‧金主持節目，並開放民眾 call-in ── 這是首創接聽聽眾來電的廣播節目之一。聽眾打電話進電台，而賴利‧金則開始獨具個人風格的主持與訪問。

　　每當賴利‧金邀請我擔任節目來賓，我總是深感榮幸。他會對我說：「來上我的節目吧，我們需要一位保守派人士。我們可以邀請到許多自由派人士，卻找不到保守派人士，因為他們不喜歡熬夜。」

　　賴利‧金後來大紅大紫，但他在我們的電台待了很多年。賴利‧金是很好的人，我很高興我們給了他第一個主持大型電台談話性節目的機會，並且相信他的能力。

　　相信自己與他人，也在我們每天看到、卻視為理所當然的傑出成就中，扮演極為重要的角色。

例如，我們在 2007 年舉辦了慶祝密西根州麥基諾橋（Mackinac Bridge）啟用五十週年的紀念活動。麥基諾橋長達八公里，橫跨密西根湖與休倫湖之間的狹長水道，連結了密西根州南北半島。

設計者必須相信自己為這座龐大吊橋所做的設計，工程師必須相信這座橋可以承受強風與行經車輛的重量，而施工者則必須相信自己倒入的水泥與固定的鋼索，有一天會變成建築藍圖上的橋梁。積極的態度來自「相信」這強而有力的字眼，以及全心感受它的力量。

人皆有價值

以下是我在 1975 年出版的《相信！》書中所寫、至今仍然相信的句子：「我認為世界上最強大的力量之一，是人們相信自己、勇於做夢、大膽追求夢想的意志力。」

因此，我決意要透過這本書，與一次又一次的演講告訴人們「我相信你們的能力」。我告訴他們，神賜予人類追求夢想的力量，而我相信這個力量無限的神。

安洛與我必須克服許多挑戰,但沒有任何一個挑戰曾讓我們放棄相信自己。假如聽從唱反調者的意見,或是理性地衡量不利於我們的理由,我們將永遠不可能去開設飛行學校、得來速餐廳,或是創立安麗公司。

想像你對某人說「我相信你的能力」將會產生的影響。你不只是讚美對方或感謝對方把事情做好,同時也表達出你相信對方有能力完成某件事,即使他從來沒做過這件事,即使他懷疑自己的能力。

我曾告訴安麗直銷商無數次:直銷商的任務是提升他人,而要達到這個目的,最基本的行動就是相信他人。當安洛與我被問及如何構思出這個事業,以及它的基本原則時,我們回答說,這個事業始於「人有價值」的基本信念。

在我們剛創業時,當時的傳統看法是:「人們不想工作;他們很懶惰、冷漠,只想靠社會福利金或失業救濟金過活。」

但我們不認同這個觀念。我們認為人是有價值的,而且希望工作與得到成長。從那時開始,我就不斷強調,假如認為他人一無是處,你將無法建立事業。

當皮爾的大學教授鼓勵他相信自己的能力時，他說教授也告訴他要相信神會幫助他。皮爾提到，他聽完教授的話之後下樓離開系館，正當要踏上倒數第四階階梯時，他突然停住了。

七十年後，皮爾仍然清楚記得當時踩的是哪一階，以及自己心中的祈禱：「神啊，祢能讓醉漢清醒；祢能將小偷變成誠實的人。難道祢不能把我這個搞不清楚方向的可憐人，變成一個正常人嗎？」從此皮爾開始經歷一連串的奇蹟，變成一個相信自己能力的積極思考者。

領導者特質

今日的領導者必須有能力創造相信的氛圍。如我先前提到的，領導者尤其需要學習變積極以及學習使用勵志短句。我們需要更多有信念的領導者，將他們的信念灌輸給追隨者。

有人說，我賣的不是產品，而是人的自信心。這也許是因為我看過太多人選擇相信自己的能力。一開始他們也有所懷疑，但一次又一次的小成就，讓他們愈來愈相信自己的能力。後來，

他們甚至發掘了自己從未發現的才能。

談到「相信」，就不能不提「嘗試」的必要。假如不去嘗試，測試一下自己的信念是否正確，又怎能知道自己能成就多少？我在人生中嘗試過的事物多半成功了，這是因為我相信自己所做的事是對的，而且總是盡全力去嘗試。

1987年，有位帆船運動員請我幫忙紐約帆船俱樂部（New York Yacht Club），為美國從澳洲手中搶回冠軍獎盃。我是「美國二號」帆船（America II）委員會的共同主席。（這艘船依「美國號」America 命名，而「美國號」曾於1851年在英格蘭贏得冠軍。）

安麗也是船隊的三家贊助商之一，因此，比賽的勝敗攸關我的名譽。結果美國隊並沒有贏得冠軍，但我仍保持正面的態度。

媒體請我對這個結果表達意見，我說：「假如不下場比賽，就永遠不可能獲勝。這是人生的遊戲規則。即使我們沒有贏得冠軍，但至少我們參加比賽，而且與其他隊伍一同競爭。」

我嘗試了，並不因為無法輕鬆致勝就放棄。相信自己的能力並不表示一定要有遠見。我們在自家的地下室創立安麗公司，當時並不知道第一

個產品是否會暢銷,也不知道銷售計畫能否成功。我們一開始的工廠並不大。

然而,有些人開始銷售出一些產品,並與其他人分享這機會,我們後來建造了近一百二十坪的廠房。

我們可真有遠見啊!我們是否想過安麗有一天會變成如此龐大的事業?我們買了兩千四百多坪的土地蓋廠房,後來又另外買了兩千四百多坪的土地,本來沒打算要使用,而是要當作停車場。

重點是,你可以選擇嘗試或哭泣。我的父親從來不給我機會說「辦不到」。「辦不到」的反義詞是「嘗試」。

當你相信自己的能力時,你可以想像出自己未來有什麼樣的發展。當你打破哭泣的習慣,並全然相信自己的能力時,你就可以全心全意地達成目標,也會有啟發他人相信自己的信心。

堅定信念

領導者可以運用「我相信你的能力」這句話來啟發他人,父母親可以將它應用在孩子或孫子

身上，朋友之間也可用在經歷困境、需要幫助的時候，老師可用來告訴學生，雇主可用來告訴下屬。我們可以藉由決定相信自己與彼此的能力，將社區與國家推上積極的軌道。

　　皮爾在踏上倒數第四階時與神展開了一場對話，直到七十年後他仍然記得一清二楚。改變態度後的他非常快樂，於是開始關心那些不快樂的人，並決定終身以寫作與演講來傳播自己的理念。他開始相信自己的能力，而且再也不曾懷疑。

　　你不必和皮爾一樣四處傳播這個理念，但你可以思考如何讓他人知道你相信他的能力，或是學習使用「我相信你的能力」這個力量強大的句子，來改變他們的人生方向。

■「我相信你的能力」

「我以你為榮」

對於不常得到獎項與獎勵的人,也就是對懷疑自己的能力或找不到自豪成就的人來說,「我以你為榮」格外具有振奮人心的效果。

和所有祖父母一樣，我很喜歡看孫子們玩耍。不久前，我自己的孩子還跌跌撞撞地走路，轉眼間他們已經可以控制自如地又跑又跳、騎腳踏車、打籃球、跳入水池、在台上表演。

當我看著孫子玩耍時，他們很自然地會尋求我的注意與認可。多年前在泳池邊的一個經驗，令我印象非常深刻。

每個孫子在即將跳入或滑入泳池時，都會大叫「爺爺，看我！」，而且每個人都企圖做得比別人更好，他們會往我的方向看過來，確定我看著他們。

「看我！」孩子渴望他們喜愛的人看著他們，然後給予認可的微笑或評語。當他們長大後，他們會渴望父母或祖父母看自己拿好成績，或是參加運動比賽、樂團表演、戲劇表演，以及上大學。

你一定會在孩子與孫子身上注意到這種情形。也許，在對孩子所說的話當中，除了「我愛你」之外，「我以你為榮」是最為強而有力的話語了。

人都需要受到肯定

希望受到注意並不只是小孩才有的渴望。這種渴望其實一輩子都跟隨著我們——希望最在意的人對我們表示肯定,是人類的基本需求。簡言之,我們都希望知道別人以我們為榮。

大部分人一生都在尋求別人的認可。我們努力付出以贏得以自己為榮的權利。以自己的成就為榮的感覺固然非常美好,但當別人開口說「我以你為榮」時,其開心程度是前者的好幾倍。

我有幸認識資深牧師海波斯(Bill Hybels),他創立了芝加哥附近的柳溪社區教會(Willow Creek Community Church),並著有多本基督教相關著作。

在某個風和日麗的下午,我與海波斯一同出航,航程中他與我分享了積極的能量與教會最近的活動。

回到家之後,我草草寫了一張短箋,讓海波斯知道我非常以他為榮。後來海波斯告訴我,這張字條他保留了好幾個星期。你能想像嗎?海波斯是家喻戶曉的大人物,竟然被我寫的鼓勵短句

感動了。

海倫在 2007 年得到了大湍流市交響樂團頒贈的「終身成就獎」（Lifetime Achievement Award），因為多年來她在樂團擔任義工，為社區培養出一流的樂團。

幾個孩子與我在節目單上刊登了一則廣告，上面寫著「我們以你為榮」。海倫並不需要樂團給她任何報酬，自願擔任義工是出於對音樂與社區的愛。

但我知道，家人的肯定對她來說是無價之寶。努力背後藏著一個單純的欲望，那就是希望同行認可我們是最優秀的人、爬上令人羨慕的職位、贏得獎項，或是得到媒體的報導。每個人都希望別人拍拍自己的肩膀說：「做得好！」

我很快就學會一件事──認可他人的表現，會帶來極大的激勵效果，而忽略他人的表現，很快就會抹殺此人的成就動機。只有聖人才能忍受長期不受他人的肯定。只要你學會找出他人的優點，你將會發現說出你以他為榮，是一件很容易的事。

神賦予每個人獨一無二的能力與夢想。祂讓我們知道我們是特別的，而且是為了某些目的來

到這個世上。其他人認可的話語，可以鼓舞我們天生想要有所成就的欲望。

這並不表示我們應該變得傲慢，或是忽略「驕者必敗」的先人智慧。然而，如同《聖經》所說的，我們是「神奇的創造物」，有能力成就神奇的事物，並且因此感到欣喜與自豪。

安麗事業的基礎

我在1959年與安洛共同創立的事業很單純。人們可以加入安麗事業，收入來自銷售產品給友人以及下線的業績。加入安麗事業的人會得到安麗的產品與創業說明手冊。安麗是人的事業，而人需要得到肯定才能成功。

因此，我們創立了多層次的獎銜制度，讓安麗人在表揚大會上台接受同儕的肯定。我們的事業建立於一個核心之上，那就是讓人們有機會透過制度，對組織內的其他人說：「看我！」而在事業中領導他人的人，也有機會透過制度對某人說「我以你為榮」。

這種做法有效嗎？在見證過成千上萬人超越

夢想中的成就之後，我敢說這套做法可以改變人的一生。

「我以你為榮」不僅只是認可他人的成就，這句話甚至將強大的力量壓縮在一個簡短的句子中──激勵他人達到超出他們想像的境界。這也是安洛與我建立認可制度的另一個原因。

肯定與獎勵是安麗事業的基礎，因為我們知道光是獎勵不足以激勵人們全力衝刺、發揮潛力與實現夢想。我們有兩套穩固的獎勵制度：獎金制度以及以各種珍貴寶石為頭銜的獎銜制度，例如明珠、翡翠與鑽石。

許多人可能認為寶石頭銜所產生的效果不大，主要的激勵因素應該在於獎金──追求更多收入，購買豪宅與汽車。有誰努力工作是為了贏得一個明珠或鑽石獎章？

但我們發現，鑽石獎章是激勵人們成就更多的一個重要因素。得到鑽石獎章的安麗人可以將個人照片刊登在公司雜誌上，並且在成千上萬的同儕面前接受表揚。

如此的肯定以及來自同儕的歡呼與上線的祝賀，再再都強烈地傳達了「我以你為榮」的寶貴訊息。

文字的力量

在完成第三本著作《希望是一輩子的力量：心想事成的十把金鑰》（Hope from My Heart: Ten Lessons for Life）之後，我開始贈書給為他人帶來希望的人，以肯定他們的行為。

每當地方性的報紙報導某位成就非凡的人物，或為社區創造改變的志工時，我就會送一本書給那個人，並附上一封短箋。我在信上祝賀此人，並告訴他，我們同樣都是試圖帶給別人希望的人。我收到許多人回函感謝我送書，並說他們會好好珍藏我的信。

關於本書提及的所有短句，我希望強調一點，那就是你不只要對其他人說出這些句子，同時也務必考慮拿起紙筆將它們寫下來。寫封短箋只需要花一分鐘，卻可以發揮強大的啟發與鼓勵效果。

我看過有些人將我的短箋貼在冰箱門上，甚至裱框收藏。這是一個很好的例子，說明了對人說「我以你為榮」的力量，而將它訴諸文字的力量更加強大。

多年前，當人們歡欣擁抱數位科技，例如CD與電子郵件時，我仍然活在類比科技的時代。我成長於轉盤電話、電晶體收音機，以及郵寄信件的時代。我覺得電子郵件雖然快速便利，但沒有東西比得上將感謝與關懷寫在紙上，並且裝在手寫地址的信封中訴諸郵寄。

你最近一次收到手寫地址信封，拆開後發現裡面有一張感謝或祝賀的卡片時，心中有什麼感覺？我想，即使是每天收到無數電子郵件與其他商業信函的忙碌重要人士，也會停下手邊的工作來拆開一封這樣的卡片。

我時常商務旅行，因此搭乘私人飛機比較方便。我也曾順道搭載一些朋友。老布希總統夫人芭芭拉（Barbara Bush）每次搭乘我的飛機，隨後一定會寄來親手寫的感謝卡。

芭芭拉喜歡寫信。我認為這個習慣很難得，也很珍惜她寫的短箋。她的兒子小布希也有這樣的習慣。

許多年前，安麗的傳銷方式仍然受到很大的誤解，我參加了「菲爾・唐納休談話秀」（Phil Donahue Show）的節目，擔任來賓。

唐納休先生與某些現場觀眾當場批評我本人

與安麗事業。在這個全國聯播的節目中,準備充分的專業主持人與持反對立場的群眾,向我丟出許多問題,而我則盡全力為自己辯護。

節目結束後,當我們正在討論代表安麗公司與直銷商的我,在節目中呈現的形象與表現時,我收到芭芭拉的短箋,上面簡單寫著:「狄維士十分,唐納休零分。」

你可以想像那是多麼地振奮我心!這是一個極具震撼力的「我以你為榮」的例子!

以文字表達可以讓這些短句的力量加倍,因此花點力氣寄送信函或短箋是很值得的。而且,寄送短箋並不需要花太多時間。

我建議你準備一些空白的留言卡或感謝卡,以及貼了郵票的信封。你不需要成為詩人或寫出長篇大論,只需要在一張小卡片上寫出發自內心的感受。

當你想感謝某人時,你就可以馬上付諸行動。如此一來,你就可以肯定有良好表現的人,或是關懷需要鼓勵或關心的人。我深信,這個小小的投資可以創造極大的影響力。

不吝於給予鼓勵

不論我們正處於起步階段並試圖建立自信心，或是已身居高位，都需要「我以你為榮」的鼓勵，不論是訴諸語言、文字或行動。

孩提時期的我們需要父母的鼓勵，學生時期的我們需要老師與教練的鼓勵，而長大成人的我們仍然需要同事與主管的鼓勵。

我曾多次受邀發表激勵聽眾的演講，此項殊榮令我深感驕傲與榮幸。早期每次演講結束後，我會請妻子海倫評論我的表現。我尋求的是我最在意的人對我的肯定，而海倫每次都會給予我所需的回應。

但我仍然記得，我有時會多次詢問她我的表現究竟如何——試圖得到更多的讚美。因為對我來說，海倫以我為榮這件事，比全場聽眾起立鼓掌更有意義。

我發現，對於不常得到獎項與獎勵的人，也就是對懷疑自己的能力或找不到自豪成就的人來說，「我以你為榮」格外具有振奮人心的效果。也因此，父母、師長與雇主設法說出「我以你為

榮」這句話，顯得格外重要。

　　我本身就有這樣的經驗。我在學時並不是模範生；事實上，我父親曾經因為我虛度光陰、不認真讀書，拒絕為我付高中學費。我的拉丁文老師曾經讓我勉強及格，但條件是我不得再修她的課。我後來終於決定好好讀書，但從來不曾拿過每科都是 A 的成績。

　　我曾在某高中的畢業典禮演說中提到此事。畢業典禮上，有許多畢業生得到榮譽獎項或是全國性的獎項，也有超過半數的學生，頸邊繞著彩色流蘇，表示他們都是以優秀的學業成績畢業。他們那天可能聽到了父母與老師說過許多次的「我以你為榮」。

　　因此，我把演講重點放在沒有得獎的學生身上。在畢業典禮這天，可能沒什麼人對這些學生說「我以你為榮」。他們可能覺得自己只是來看其他學生領獎。

　　我鼓勵他們，畢業班的每位學生都可以為神的國度成就偉大事業。我希望這些話語幫助他們在離開高中時，知道自己的未來充滿希望，也擁有實現夢想的才能。

家人的影響至為關鍵

　　這種鼓勵可以讓這些年輕人終身難忘。我的兒子道格仍然記得我說過的一些簡單鼓勵話語，幫助他度過小學階段。有一天，在我開車送他上學的路上，他告訴我他在學校沒有朋友。

　　我鼓勵他：「大家喜歡和快樂的人在一起。」道格還記得當他步出車子時，我在他身後大聲說：「迷倒他們吧，快樂先生！」

　　道格現在已長大成人，結了婚，還有四個小孩。但直到今天，他仍然記得那天上學的情景，以及我的鼓勵話語。事實上，道格延續了這個傳統。

　　道格有個女兒被選為高一美式足球隊的開球員──她也是少數幾個進入此球隊的女孩。我很喜歡看她比賽、為她加油。

　　一個女孩子要參加男子美式足球隊的甄選，需要很大的勇氣與自信──這可能是父母親在她成長過程中不斷鼓勵她的結果。

　　海倫的成長經歷則大不相同。她的母親非常擔心發生意外，因此不讓她騎腳踏車或游泳。她

們全家曾在靠近大西洋的地方度過好幾個暑假,而且他們就住在密西根湖附近,海倫本來有很多游泳的機會,但她母親從來不讓她下水。

現在,海倫雖然不會游泳,但在我的鼓勵下,已學會穿著救生衣浮潛。由於知道這段過往,我很高興看到她現在可以在世界各地的海水裡享受浮潛的樂趣。告訴家人我們以他們為榮,可以鼓勵他們離開海岸,深度探索海洋。

適當的讚美時機

只用幾個字就可以產生正面的影響嗎?請你找個理由告訴孩子你以他為榮,然後看看會發生什麼樣的結果。在公開場合以及人們最尊敬與欽佩的人(他們的父母、朋友、老師、主管或同事)面前對他們說「我以你為榮」,效果最好。

我曾與某位世界知名的紐約市腦外科醫師共進晚餐,這位醫師到大湍流市的海倫・狄維士兒童醫院(Helen DeVos Children's Hospital)演講。

他稱讚這所醫院,並對我說:「再過幾年,你將可以吸引全美國最頂尖、最優秀的醫師到此

工作。」我告訴他：「請看看四周，一些最頂尖、最優秀的醫師已經在這裡了。」

幾年後，兒童血液腫瘤科主任告訴我，他當時在隔壁桌聽到了這次對話。他說我以醫院的醫療團隊為榮的話，對他產生了很大的鼓勵效果。

身為如此優秀的醫療團隊的一員，他非常引以為榮。他說，聽到我在醫界知名人士面前以自己的醫療團隊為榮時，他打從心底感謝我。

這番話讓我感到很溫暖。我希望成為幫他人加油打氣的人，因為我們周遭已經有太多人反其道而行：不鼓勵、只潑冷水。因此，我們必須相信自己有無窮的潛力，並鼓勵他人一起這麼做。

假如不嘗試，他們又怎能知道自己能否畫出傑作、經營事業、銷售產品、出版著作、取得學位、擔任公職、當眾演講、贏得比賽？

人無貴賤之分

能夠對任何一個有專長的人，輕鬆說出「我以你為榮」，是尊重人類應有尊嚴的具體表現，有人對我說，上自總統、下至泊車小弟，我都可

以與他們成為朋友。我以此為榮。

我的父親是個電工，曾在大蕭條時期失業。但這並不表示我不以他為榮。他辛勤工作養育我們，並且鼓勵我創業。

多年前，我參加了一個職業教育座談會，與會者都是擁有博士學位與高學歷的人，而我是當晚的主講人。我聽到他們如此談論失業的勞工：「也許我們至少可以幫他成為一個木工」，或是「他仍然只是個水管工人，但……」。

因此，我利用機會提醒他們，請他們從自己的博士學位象牙塔向下看，並試著為這些窮困的人在社會中找到合適的位置，在他們眼中，這些人因為不夠聰明所以進不了大學。

我從來不認為某個人只能當個修理工、業務員、清潔隊員，或是只能如何如何。我們都是有尊嚴的人，都是依照神的形象創造出來的人，我們運用神賜予的才能，以自己的方式為社會做出貢獻。尊重是關鍵。只要心懷敬意，我們可以對任何一個善盡職責的人說「我以你為榮」。

假如你為人父母，你有最好的機會對孩子說這句話，並對他們的成功未來產生極大的影響。假如你是一位雇主、老師或教練，我鼓勵你常把

這句話掛在嘴邊。

我相信「天生我才必有用」的道理。你可以找尋適合的方法，告訴你認識或你愛的人你以他們為榮，這將幫助他們發揮所有潛力。

那個尋求認可並說「看我」的孩子，多多少少仍存在於每個人心中。你在看嗎？你注意到家人、朋友、鄰居、同事或員工的成就（不論大小）了嗎？你可以幫助他們成長，只要告訴他們：「我以你為榮！」

「我以你為榮」

6

「謝謝你」

「謝謝你」表達了對他人慷慨行為的謝忱。它表彰了他人的善意,與他們為我們著想的心意。

還記得小的時候，大人給你一顆糖果或是一個小禮物的情景嗎？父親或母親通常會提醒你：「要說什麼？」當然，他們希望你說出「謝謝你」。

　　假如你為人父母，會希望自己的孩子懂禮貌，當有人給他禮物時記得說「謝謝你」，而不是拿了東西一句話也不說就跑走，丟你的臉。負責任的家長會教導孩子說「謝謝你」。

　　常說「謝謝你」，是文明社會中人們對其他人的期待。在光顧某家商店後，我們會期待店員說聲「謝謝你」。當服務生端來餐點時，我們會說「謝謝你」。

　　當有人稱讚我們的新衣服，或是善盡職責時，他們會期待我們說「謝謝你」。當有人為我們做晚餐、載我們一程，或是送我們禮物時，我們也應該主動道謝。

勿將別人的努力視為理所當然

　　「謝謝你」表達了我們對他人慷慨行為的謝忱。它表彰了他人的善意，與他們為我們著想的

心意。「謝謝你」說明了我們感謝某人善盡職責，或是某人花時間學習某些技能，為我們表演或提供某項專業服務。

安麗全球總公司大樓建造完成時，舉行了開幕儀式，邀請了當時的國會議員福特（Gerald Ford）、地方官員與商界領袖，以及各界的重要人士出席。然而，在舉行這備受矚目的開幕儀式前，我們舉辦了另一個特別的活動。

我們舉辦了開放參觀的活動，邀請所有參與建築工程的技術人員參加。這些全心投入又有能力的工作者，也就是畫出藍圖、豎起鋼梁、疊起磚頭、裝上窗戶、建造屋頂、鋪上地毯，以及掛上窗簾的所有人，非常開心地參加這個派對，並且很高興有機會欣賞自己努力的成果。

在當時，建築工人難得有機會看到成品。因此，我們邀請他們來欣賞完工後的大樓，並透過這個機會與他們握手、聊天，最重要的，是對他們說聲「謝謝你」。

而他們也很感謝我們這麼做。對於我們的邀請，他們感到有些意外，因為我們的目的只是想說聲「謝謝你」。

這類活動如此罕見，正足以說明我們時常忘

了要感謝他人。為何我們從來不曾想到要感謝某些人？當工程發生問題，我們馬上提出抱怨；然而當工程順利進行，卻將工人與他們的專業技能視為理所當然。

我們於 2007 年在大湍流市中心興建了萬豪酒店（JW Marriott Hotel），這次的工程準時完工、沒有發生工安意外、沒有生產工時的損失，也沒有發生任何重大問題。

所有的技術人員與承包商都善盡職責。工人每天準時上工，一直工作到傍晚才回家去，心中可能覺得能為如此重大的計畫貢獻特殊專長，而感到非常驕傲。

這些人是我們舉行開幕儀式時最想感謝的人。我曾經提過，我會提醒自己一定要感謝酒店與會議中心的所有工作人員，這些人時常被忽略，但是他們為大家準時上菜，或是在工作一整天之後，仍然面帶微笑服務。

在我的公司，每位員工每年都會收到一個聖誕禮物。員工可以從型錄中選擇一項產品做為禮物，我們希望趁著過聖誕節讓員工知道，我們很感謝他們的付出。

即使是最微不足道的道謝方式，都可以產生

極大的效果,讓人們知道自己被需要、被重視。

即使家人也是如此,我們由於彼此太過熟悉而不拘小節,但仍然要記得對家人說「謝謝你」。我們希望孩子養成這個習慣,也希望這個習慣延續到孫兒身上。

將想法付諸行動

道謝或以其他方式致謝,反映出我們對某人的愛或關懷。每當我們送人禮物,即使是個小禮物,「心意最重要」是不變的道理。

但更重要的是將想法化為行動:一張卡片、一個禮物,或是任何表達出「謝謝你。我很感謝你。你做得很好,你所做的事幫了我一個忙」的言語。

光是在心中感謝,無法傳達謝意。我們時常想著要道謝,但往往沒有付諸行動。遺憾的是,那位我們喜歡與感謝的老師,可能一整學年也聽不到有人對她說「謝謝你」,並因此不知道有人很欣賞她的才能與付出。

我們可能想過,卻從來不曾真正抽空到學校

去看看老師，或是打個電話、送張卡片，或送個小禮物。

我們可以簡單地說聲「謝謝你」來致謝，也可以用更正式的方式致謝。假如出於適當的理由，更正式的致謝方式可以創造神奇的效果。

許多年前，當時我還是大湍流市偉谷州立大學（Grand Valley State University）的董事，我們討論到如何為大學基金會籌募到更多資金。我提議最好的方式是表揚他人。

因此，我們開始表揚對大學與社區有卓著貢獻的人。我們舉行宴會，邀請這些人擔任榮譽嘉賓，頒發獎牌給他們，同時將他們的肖像懸掛在大學的各個大樓裡。

這項做法後來成了我們向人們說「謝謝你」的傳統。我們感謝的人可能是對大學做出重大貢獻的傑出大學教授或市民。我們透過公開表揚的方式，對他們說「謝謝你」。

現在，大湍流市時常舉辦活動表揚市民的卓越貢獻。我們舉辦高級而正式的慶祝餐會，邀請知名人士演講，與會者擠滿了會場。這些募款餐會為某些組織募款，鼓勵更多人捐款支持某個理念，同時也表揚值得我們正式致謝的人。

1999年,安洛與我由於三十年來對重振大湍流市做出重大的經濟貢獻,而在慶祝晚宴上接受表揚。這個募款活動的名稱為「安洛與狄維士,謝謝你們讓本市重獲新生」。

大湍流市的致謝感言是:「這二人不遺餘力、慷慨解囊,在重建大湍流市中心、促成小型企業蓬勃發展上,扮演了相當重要的角色。」

三十年來,我們很高興能幫助家鄉建設發展,完全沒想過要得到任何人的感謝。然而接受正式的致謝,讓我更清楚地意識到接受感謝與感謝他人的強大力量。我必須承認,我很喜歡被感謝的感覺。

正向循環

人們喜歡被感謝的感覺,而且也需要被感謝!假如我們沒有適當表達謝意,善意就會漸漸流失。有些人由於相信某個理念或擁有善心,而做出重大貢獻。我們不需要花太多的力氣,就可以向他們表達謝意。

我後來為偉谷州立大學的庫克‧狄維士健康

科學大樓（Cook DeVos Health Sciences Building）募款。我在該大樓的停車場與一位長者聊起天。

他已經高齡九十多歲，但身穿襯衫領帶與鮮藍色運動外套，看起來比實際年齡年輕許多。我對他說：「你的氣色看起來像百萬富翁一樣好！」

我在大樓內又遇見他，並且發現他有捐款能力。因此我對他說：「你的氣色看起來跟百萬富翁一樣好！但我來找你是想請你捐一百萬元。我們以捐款百萬元者的姓名，為這棟大樓的每個樓層命名。假如你願意支持，我會非常感激。」

他表示願意捐款支持。我又告訴他，假如捐出某個金額，整棟大樓就會以他來命名。我後來與他深入詳聊，知道他致富的故事，我發現當地幾乎沒有人知道這號人物。沒有人知道他如何創業，並建立起龐大的事業。

於是我決定，我們不只要以捐款者為每個樓層命名，還必須用捐款者的故事啟發學生，讓他們知道名字背後那個人的故事。

偉谷州立大學後來在每個樓層設置玻璃櫥窗，裡面展示了每位捐款者的相關紀念物品，讓學生知道他是個什麼樣的人。

現在學生可以駐足欣賞，並說：「原來這個

人做了這些事,所以他的東西才會出現在這裡,而這層樓也以他來命名。」這是一個說出「謝謝你」的好方式。

當你開始思考如何向對你的人生產生重大影響的人表達尊敬之意,並對他說「謝謝你」時,可以利用不那麼正式卻有創意的方式。不論你是商界人士、宗教領袖、為人父母,或其他領導角色,感謝函與短箋都是相當好的方法,但你也可以利用其他方式道謝。

你可以感謝孩子在學業上的努力,在他們得到好成績時送一些特別的禮物,或是在他們從高中或大學畢業時,帶他們去某個地方玩一天或是度個週末,慶祝一番。時間是父母能給孩子最珍貴的禮物。

我還記得,當我忙著拓展事業時,十二歲的道格抱怨我老是不在家。我回答說:「我在呀,我常常在家。」他說:「等等,我去拿年曆來。」

他把我不在家的日子畫X,然後把年曆掛在廚房的門上。這個舉動點醒了我——時間是最珍貴的禮物。道格的年曆提醒我待在家裡陪伴他的重要性。

當我必須時常出差時,我會用一種方法騰出

時間陪伴孩子，那就是帶著他們出門。只要我到國外出差，通常會帶一個孩子同行。大兒子迪克的第一次旅行，是跟著我到澳洲。他們依照排行輪流跟著我們到國外旅行兩到三個星期。

他們的老師有時不太喜歡我們這麼做，但我們夫妻倆覺得旅行是很好的教育機會，而且是與孩子單獨相處的絕佳機會。

時時心懷感恩

除了感謝我們感激的人，或是服務過我們、對我們表達善意的人，我們也必須調整態度，時常心存感恩。「我很感謝你」這句話，永遠沒有用完的時候。

假如我們真心感謝每天幫助過我們的人，以及賜給我們資源與自由的神，就應該時常說出這句話。當我們思考要將誰放上感謝清單時，必須每天記得在祈禱時，感謝神賜給我們無限祝福。

我們常常遲於感謝卻急於抱怨。這也許是因為我們太專注於自己的事情、忙著過自己的人生，以致於忘了感謝他人。

我們往往將幸福視為理所當然,就像某個故事中的屋主一樣。有個要賣房子的屋主,找了一位不動產經紀人來撰寫售屋廣告。這位屋主在看過廣告單上所描述的種種優點之後,打電話告訴不動產經紀人他不想賣房子了。

　　被問及為何改變心意時,這位屋主說:「看過你寫的廣告文案後,我才發現自己已經住在一直夢寐以求的房子裡。」

　　皮爾多年來一直推廣一個觀念:假如你非常擔心自己的問題而積極不起來,那就「走出自己的世界」,開始想想別人。

　　我們雖然每天都碰到許多好事,但很遺憾的,總是可以找到事情來抱怨。假如想想一些比較不幸的人、甚至幫助他們,我們就會開始感恩自己的幸運。

　　皮爾認為,真正偉大的人時常會想到並幫助他人,因此擁有不平凡的人生。當我們能夠幫助他人時,就比較能夠感激別人對我們的幫助。

　　例如,當我們坐在餐桌前,可以滿腦子只想著要滿足口腹之欲,也可以開始感謝提供食物的人所付出的心思、技能與努力。

　　有個故事,提到一群農夫在冬天暴風雪來臨

時,圍坐在雜貨店裡的火爐旁躲避風雪。其中一個人說:「還記得 1970 年那場嚴重的乾旱嗎?所有的作物都沒有收成,田裡的一切都放火燒掉了。」其他的農夫都點點頭。

另一位農夫說:「還記得 84 年嗎?所有的作物本來都長得很好,卻一直沒下雨,結果又必須放火燒掉。」其他人也都說他們還記得那年的事;不好的事他們都記得很清楚。

最後,一位年長的農夫說:「是啊,但不要忘了 87 年,那是很好的一年。作物大豐收,而且一切都很順利,只是土壤變貧瘠了。」

就像這個故事一樣,我們有時真的很難心懷感恩。因此,假如你的孩子每天在學校都多學到一點新東西,那麼就感謝孩子的老師吧。

假如你擁有美好的童年回憶,而且現在事業有成,那就感謝你的父母吧。感謝祖父母給你的明智建議。感謝雇主給你工作。這個清單可以一直延續下去。

假如你覺得居住在這個國家、這個社區、這個房子裡很安全、安穩,感謝你的鄰居、某位警察,或是某位軍人吧。假如你的心被禮拜布道的內容提振了,感謝你的牧師吧。假如有人分擔你

的工作，減輕了你的工作量，感謝這位同事吧。

除了說「謝謝你」，每天也要調整你的態度，感謝神的賜福。假如你與家人都很健康、有房子可住、有東西可吃、有衣服可穿，還享有愛、歡笑與悠閒，那麼感謝神所賜予源源不絕的祝福吧。同時別忘了與比較不幸的人分享這份祝福。

我認為每天心懷感恩的態度，對他人最微不足道的幫助與著想表示感謝，祈禱時感謝神，以表示感激的方式與人分享神的賜福，這些都是最重要的事物。我認為感謝具有強大的力量，也是創造積極社會的要素之一。

「我需要你」

當我們感覺被需要時，會對自己比較有信心，也會有比較好的表現，甚至想做更多，讓人們知道我們是多麼不可或缺。

在這一生中，我曾經非常需要一些人的幫助。我七十一歲時，需要進行心臟移植手術才能存活下去。我們聯絡過全美所有心臟移植中心，但由於年齡的關係，沒有一家移植中心願意收我為病人。我不僅需要有人幫助我，我還需要一樣東西──一顆心臟。

　　最後終於有人回應我的需求，並收我為病人，這個人是雅可爵士（Sir Magdi Yacoub）。雅可醫師是倫敦哈福德醫院（Harefield Hospital）的胸腔外科醫師。

　　我們在倫敦會面，因為醫師想知道我的身體能否承受移植手術。他告訴我：「手術非常辛苦，所以在進行手術之前，我必須知道你是否具備適當的心態與意志力。」

　　他想問的其實是：「你有沒有活下去的理由？」當時海倫和兩個兒子陪在我身邊──現場就有三個理由！

　　經過進一步的討論與評估後，他決定收我為病人。感謝神他答應了，因為我真的需要他的幫助──他是這世上可能可以救我一命的人。

　　很幸運的，五個月後我等到了需要的心臟。移植手術是另一個將我的生命交到神手中的考

驗，因為一個七十一歲的人無法在美國進行這種手術，而在英國，這樣的情況也是少之又少。光是找到願意收留我的醫師，就已經是個奇蹟了。

然而另一項挑戰是，我的特殊血型降低了找到合適捐贈者的機率。但我的醫師說，擁有特殊的 AB 型血型，反而是幸運的事，因為有時候，醫院會碰到有人捐贈 AB 血型心臟，卻無人需要的情況。

若不是因為擁有特殊血型，我不可能被列入等候名單。由於我是美國公民，必須被排在英國等候者之後。讓情況更複雜的是，檢驗發現我需要的是一顆右心室擴大的心臟。

在等待的過程中，我一天比一天虛弱。終於，我的心臟科醫師柏克（Emma Birk）找到了一位捐贈者。跟我同院的一位女病患需要進行肺臟移植手術，而外科醫師傾向為她同時移植心臟與肺臟。

醫院從一位車禍受害者身上，找到這位女病患所需要的心臟與肺臟，而她原有的健康心臟就多了出來。這是多麼珍貴的巧合啊！更神奇的是，她的肺病，使她的右心室比一般人的還大。神確實非常細心。

來自各方的幫助

只有心靈被蒙蔽的人,才看不見神在我身上施予的奇蹟。這個奇蹟只有一個解釋──神的恩典。如同我需要雅可醫師一樣,這世上也有人需要依賴你的幫助。有人需要你。

請相信每個人都會遇到需要我們的人,也請你告訴其他人──你的配偶、孩子、員工、同事、清潔人員,或是牧師──「我需要你」。

我常聽到安麗人說:「團隊中沒有自我。」安麗是「群體」的事業。這個事業的原則是:個人的成功可以造就全體的成功。每個人的成功,或多或少都必須仰賴其他人的成功。

協助帶領最有成就的人,就能得到最大的成功。因此,我時常使用「我需要你」這句話,也發現它能有效激勵積極的人。我們都需要被需要的感覺。很少人一生完全不需要其他人。

想想你曾經或現在需要的人:父母、配偶、幫助你贏得球賽或完成工作的隊友與同事、在你最需要時陪伴在你身邊的朋友,為你指引方向的老師或教練、在危急時刻伸出援手的警察或消防

員⋯⋯。

你需要的人可能還包括了：在水管破裂時伸出援手的水管工人、在你心情低落時伸出援手的牧師、煮晚餐卻缺少某個重要佐料時伸出援手的鄰居、發生車禍時伸出援手的保險經紀人，或是在你生病時提供照料的醫師。

大多數人很少或絲毫不曾想到供應我們食物的農民，而且只有在開燈卻得到一片黑暗，或在轉開水龍頭卻沒有水流出來時，才會想到水電公司的人。

當我在冬天早晨起床後，發現所有街道上的雪都已經清除時，我知道剷雪工人曾經徹夜工作，讓我們有路可用。

當我在冬天搭乘飛機即將抵達大湍流市的機場，並聽到有人用令人安心的聲音對我們的駕駛員說：「航道已淨空，你可以準備降落了。」我知道機場的工作人員善盡他們的職責。

九一一恐怖攻擊事件提醒了每一個人，消防隊員和警察冒著生命的危險保護我們。但是他們平常執行勤務時，我們卻很少想到他們。

現今的國際情勢也提醒我們盡忠職守的軍人的重要性。他們從事的是非比尋常的工作。多年

前我有幸在聖地牙哥附近登上星座號航空母艦（USS Constellation）參觀軍事演習。我親眼目睹機組人員在航空母艦上執行夜間飛行任務，那情景令人難以置信。

受過精良訓練的海軍軍官，精準地駕控造價數千萬美元的戰機起飛與降落。他們為了將來有一天可能需要駕駛精密的戰機防禦海岸線而做好準備，因為國家所需的重要外來物資，必須從此處輸入。

每當搭乘飛機時，我都會想到「我需要你」這句話。我擁有飛行執照，也時常搭乘私人飛機旅行，因此非常了解防止飛機相撞的航空管制系統的運作情形，尤其是在橫越大西洋時。飛機在飛越大西洋時無法使用雷達，因此即使是最優秀的駕駛員，也必須仰賴飛航管制員的指揮。

在飛越大西洋時，駕駛員必須在飛抵某些定點時，向飛航管制員回報自己的坐標，讓飛航管制員可以掌握每架飛機的位置。飛機的前後上下都有其他飛機正在飛行，但駕駛員看不見其他飛機。

大西洋上空有許多航道，就像是隱形的空中公路一樣。假如你正從紐約飛到巴黎，距離你

三百公尺的正上方與正下方可能都有一架飛機，你的前面和後面也都有許多飛機正在飛行，而你對此渾然不知。

當我駕駛飛機時，時常會有飛航管制員指揮我飛升或降低到另一個航道，讓後方的另一架飛機超越。

假如沒有飛航管制員，就無法預防上方的飛機降低高度撞到你，或是後方的飛機速度太快而從後面撞上來。在飛航管制員的引導下，每天下午飛離美國的數百架飛機，可以順利在早上抵達歐洲的機場，然後再飛回美國。

別漠視他人的貢獻

數百萬人的性命也可能維繫於某些重要人物的能力上。你可能認識一些家鄉的重要人物。大湍流市的一些活動就仰賴某些人士的大力相挺。

例如，大湍流市在 2000 年委託某個委員會規劃慶祝千禧年的計畫。委員會決定將一大片工業區變成一座比紐約市中央公園還大的公園。

現在，這個千禧公園（Millennium Park）裡，

有一個具備海邊小屋的海灘、自然步道、野餐涼亭、兒童遊戲區，以及可供泛舟與釣魚的湖泊，而且還有許多龐大的計畫有待完成。假如沒有某位義工盡心盡力地付出，我們是不可能擁有這一切的。

賽契亞（Peter Secchia）曾任美國駐義大利大使，同時也是大湍流市知名企業家，他在退休後接下這個計畫，四處推銷這個夢想並募款，並與政府和企業合作以實現這個夢想。

大湍流市另外兩個重要人物弗瑞（David Frey）與卡尼帕（John Canepa）也自願擔任義工，貢獻他們的時間與才能。

這些就是我們需要的人。請想想：假如沒有義工，選舉時就沒有人打電話募款或是催票，我們就不會有義勇消防隊、童軍團，或是小聯盟球隊了。看看你居住的地方，想想假如沒有義工，哪些東西就不復存在？

我們需要太多人了，卻往往將他們視為理所當然。以清潔人員為例。試想沒有人收垃圾的世界會是怎樣。這個故事我曾說過，但我想再說一次，因為這是說明「我需要你」的絕佳例子。

我們一家人曾在一個度假小屋度過夏天，那

裡有一個很棒的清潔人員。他總是非常準時，分秒不差。他從不將垃圾桶丟在地上發出巨響，也從不用力蓋上蓋子。他一大清早出來收垃圾，從不打擾住戶的安寧。

有一天早晨我五點半起床，恰好看到他來收垃圾。我對他說：「我只想告訴你，你的工作做得非常好，而且我們非常需要你。」他以異樣的眼光看了我一眼，繼續自己的工作。

接下來那個星期，我刻意再度起了個大早等他出現。我看著他把我家的垃圾放進卡車裡，接著說：「你把工作做得很好。我只想讓你知道我們是多麼需要你的優質服務，同時也非常感謝你所做的事。」

他看著我說：「你是一大早剛回到家，還是一大清早剛起床？」我解釋說，我是為了讓他知道我們多麼重視他的服務，而特意早起的。

那年夏天我們又見過一次，那是我最後一次與他談話。他說：「我做這份工作已經十二年了，但是到目前為止，從來沒有人認同我工作的價值。」

假如沒人清理度假區的垃圾，居民能居住在垃圾堆積的環境裡多久？我們可能未曾如此告訴

清潔人員,但確實需要他們,如同我們也需要許多其他被我們視為理所當然的人。

說出心中的感謝

說出「我需要你」這句話是很重要的。我需要你幫忙解決這個問題。我需要你與我們合作。我們需要你的加入來完成這筆交易。我們的社區真的需要你,因為你是這裡的重要人物。

學習告訴他人你需要仰賴他們,並沒有什麼不對。從事安麗事業的安洛與我需要顧客,因此我們坦白地告訴顧客,安麗需要他們的光顧,他們對我們來說非常重要。

只要環顧四周,就會發現我們需要的人太多了,但只有極少數人聽過我們說出我們需要他們。我們將這些人視為理所當然,而且完全沒有把他們放在心上。沒有一位上位者可以對下位者說「我不需要你」。

假如一家公司裡只有總裁,它經營得起來嗎?假如駕駛掃雪車的人冬天不上工,即使是總裁也無法出門上班。假如沒有清潔人員來打掃,

高階主管辦公室的洗手間也無用武之地。假如沒有員工生產產品與維修機器，一家公司很快就會倒閉。

家庭、學校、事業、教會、社區──也就是整個社會──建立在彼此需要的基礎之上。你認識多少個隱士？獨行俠屬於少數，而且被大家視為異類，因為很少人在一生中不需要其他的人。

如同芭芭拉‧史翠珊（Barbra Streisand）在〈人們〉（People）這首歌中所唱的：「需要別人的人，是世上最幸運的人。（People who need people are the luckiest people in the world.）」

當我們知道有人需要我們每天早上準時開店、送貨，或是管理員工時，會覺得自己的人生有意義。想想那些工作動機來自被人需要的人：老師、警察、消防員、護理師與醫師。

因此，我們有義務善用每個機會，讓其他人知道我們的感謝，並以此鼓勵他們。有人曾問我：「你做什麼工作？」我是這麼回答的：「我是負責幫人加油打氣的人。」

我只是到處去為別人加油打氣。我鼓勵他人。我到各個地方去，拍拍人們的肩膀，對他們說他們很棒。安麗建立在助人成長之上。我們的

使命是提醒人們他們有多麼棒,以及他們可以擁有遠遠超出自己想像的成就。

需要生出價值

「我需要你」對積極的人來說非常有激勵效果,因為它代表每個人都是神創造出來的,而神造我們是有原因的,是為了讓我們去滿足某些人的需求。

我們的存在是有意義的。我們就像是讓飛機在空中飛行的噴射引擎、組成樂團所需要的樂器、冠軍美式足球隊的第十一名球員(譯注:一個美式足球隊伍上場人數為十一人)。

當我們感覺被需要時,會對自己比較有信心,也會有比較好的表現,甚至想做更多,讓人們知道我們是多麼不可或缺。

我很喜歡在安麗的廠房裡走動。看著機器與生產線混合原料並製成家用產品,有效率地生產紙盒與瓶裝容器,在容器中裝入粉末與液體,封上容器並貼上標籤,然後隨時可以出貨給顧客,這個製造流程總是令我感到驚訝與神奇。

但令我更為著迷的，是設計出這些機器設備的創意，以及製造出機器零件並組裝成生產線的人。而我也對在生產線與廠房內工作，每天準時上班、善盡職責的員工非常感興趣。

　　綿延一・六公里的廠房與辦公建築廠區，在每個上班日都繁忙不已，因為有數千人每天早上起床後到此工作。這種情況也出現在全美國和全世界的無數個企業中。

　　與我巡視過工廠的人，曾提到我與員工之間的關係。他們說，我很關心員工、總是能與他們閒聊，而且他們會暫時離開生產線與我握握手，或是從工作中抬起頭來露出大大的笑臉，向我打招呼。

　　我認為，這樣的關係絕大部分建立在彼此需要之上──我們需要他們來完成事業中不可或缺的工作，而他們需要我們提供工作維持生計。

　　我讓員工知道，假如沒有他們，工廠就無法生產任何產品或出貨。我們的直銷商需要他們所有人的付出，來建立自己的安麗事業。

　　我展現出不論他們做什麼工作，我都了解每個人的價值。我認為世上的每個人都是神創造的，我們的生命是有意義的，值得獲得應有的尊重。

多年前,我上賴利‧金在佛羅里達的深夜廣播節目,因為我很想知道全國各地打電話進節目的人所表達的各種意見。這個經驗雖然有趣,但令人遺憾的是,我也接觸到了一群沒有夢想、有強烈挫折感的人。

有一位聽眾對我說:「我不知道資本主義和共產主義有什麼差別。在共產主義社會中,你是國家的奴隸;在資本主義社會中,你是豬玀資本家的奴隸。」

我非常同情這個人。我當時認為,他的態度反映出他對成功的恐懼,以及對領導者的不信任。我現在也認為,他應該從來沒有被需要的感覺,或是曾有人了解他的價值。

他覺得自己像個奴隸,而不是被肯定、具有尊嚴的人。我相信這世上還有許多人誤以為自己只是個奴隸,而不是可為社會創造更美好未來的自由之人。他們迫切需要有人對他們說「我需要你」。

當我回顧自己身為公司領導者的歲月,我知道領導者有能力說出或表達出「我需要你」,是一件多麼重要的事。

任何有能力,並且贏得追隨者的尊敬與景仰

的領導者,都知道自己需要這些追隨者。當他們爬得愈高,就愈容易忽略那些被他們拋在腦後、以為不再重要的人。這是一個致命的錯誤。

讓員工感到自己不被需要的組織,注定會失敗,或至少會走上顛簸不平的道路。沒有一個人是重要到或是能力強到不需要其他人。因此,我們為何不告訴人們「我需要你」,然後在家庭、職場與社區裡,創造出更積極的氛圍?

8

「我信任你」

信任依照一個黃金原則運作：相信人們會將心比心地信任我們，這不僅令人感到安心，而且會鼓勵我們做個值得信賴的人。

一位朋友告訴我「信任獎牌」的故事。他們家族的小孩到二十一歲時，就可以得到這塊信任獎牌，只要他們成為值得家庭與社區信賴的人。他們必須遵守父母的規定與原則，不惹麻煩，才能贏得父母的信任。

　　他們爭取父母的信任，而父母給予他們信任。當家族成員聚在一起為每個孩子過二十一歲生日時，他們會頒發一面信任獎牌給這個孩子，慶祝他的成就。

　　我認為這是個很好的觀念，家族成員鼓勵彼此成為值得信賴的人，並且表明他們非常重視信任這項特質。

領導者重要特質

　　「我信任你」是積極的人可以運用的另一句重要用語。我們的社會建立在彼此信任之上，信任人們會善盡職責、信任人們會誠實對待彼此、信任人們會信守承諾。

　　同事與家人之間也需要彼此信任。我們信任孩子，而孩子也信任我們。許多人身負重責大

任,而這些責任代表了信任。

仔細想想,我們在日常生活中所做的大多數事情——行駛在車陣中、工作、由於做好工作而得到薪水、購物、到銀行辦事、婚姻與家庭關係,甚至是與鄰居相處——都建立在不同程度的信任之上。

面對這個事實吧!沒有人想和不值得信任的人打交道,而我們也絕對不想追隨一個不值得信任的領導者。

信任是領導者的一項重要特質。要當個值得尊敬的領導者,你就必須成為值得信賴的人。領導能力不僅來自日常生活,主要更是來自家庭,家庭中的領導者,必須是值得信賴且值得追隨的人。

每位家長就是家中的領導者。孩子需要知道自己可以信任我們,我們所說的都是實話、我們的生活方式是正確的。

我們必須相信,老闆以符合倫理道德且務實的方法經營公司,並且公平地對待每位員工。假如我們無法信任政府的領導者,民主制度將會面臨危機。

當你具備值得信賴的特質時,人們會想要效

仿你、成為你的朋友、追隨你、與你交易，或是與你合夥。當你考慮要與某人結交任何關係時，一定會考慮這個人是否值得信賴。

多數人都值得信賴

我與所有人的關係都建立在信任之上。安麗公司的所有建築物——從早期的小廠房，到現在綿延一・六公里的廠區——都是憑著口頭約定興建而成。安麗廣場飯店是在口頭約定之下蓋成的，從來沒有簽署任何合約。

我們早期的承包商佛斯（Dan Vos）會畫出藍圖、估價，然後安洛與我就會說：「好，就這麼做吧。」

工程完成後，佛斯會把所有的花費計算出來，然後告訴我們：「這個數字是所有的成本，而這個數字是我應得的百分之十。」他以總花費的百分之十做為報酬。

我們一開始建造的是小型建築物，風險並不高。但佛斯證明自己是值得信賴的人，因此我們進行大型營建計畫時，仍以同樣的模式繼續合作。

遺憾的是，並不是所有人都像佛斯一樣值得信賴。我們總是會遇到言而無信和鑽漏洞謀取私利的人。這些負面經驗，讓我們開始對陌生人採取多疑的防備心。

有些銀行或商店會要求我們拿出兩張以上的身分證件才能兌現支票，而且還必須提防偽造證件。為了防範恐怖攻擊，我們在通過升高等級的機場安檢時，必須脫下鞋子接受檢查。

然而，想想全世界每天進行的頻繁商業交易時，你會發現，跳票與恐怖攻擊的例子實屬少數。大多數都是值得信賴的人，因此我們的社會與經濟仍能持續運作下去。

友情的極致延伸

我與安洛在事業上彼此信任，我們當中的任何一人都可以自行做決定，不論這個決定需要多少金額，另一人都會接受這個決定。這是我們之間的默契。

安洛會說：「假如狄維士這麼決定，我沒有意見。」或者我會說：「沒問題，安洛說了算。」

假如我不在而只有他在的話，他可以做決定。」

信任是經驗培養出來的。我對安洛的信任，建立在我們的友誼之上。我們從高中開始就說要一起創業。唯一的問題是：「要做什麼？」

事實上，當安洛在第二次世界大戰結束，開始進行我們的飛行學校事業時，我還在海外服役。他比我早返鄉，所以開始到處打聽開設飛行學校的事，因為我們認為大戰結束後航空業會蓬勃發展。

戰爭創造了這麼多的飛機與飛行員，因此我們猜想每個人在自家後院都會有一架飛機。結果事與願違，但航空業確實以我們想像之外的方式，蓬勃發展了起來。

當我還在馬里亞納群島（Mariana Islands）服役時，安洛寫信告訴我，有個人打算在城市北邊蓋一座地方性的小機場。他說這個機場的主人正在找尋可以幫忙經營機場、開設飛行課程，並提供航空服務的投資人。

於是我要父親把我所有的存款七百美元交給安洛，那是我從空軍服役的六十美元月薪中設法存下的錢。二話不說就將我畢生的存款交給安洛，其實就相當於對他說出了「我信任你」。

彼此猜疑的後果

　　信任是友誼的要素，但社區裡也需要信任。想想一個社會是如何依靠信任運作的。

　　假如社會裡沒有信任，交易將由於合約不具有效力而無法進行。假如我們無法相信其他車輛不會闖紅燈，交通秩序將會大亂。假如家長無法信任老師，就無法送孩子去上學。假如沒有基本的信任，我們居住的地方將會停止運作。

　　商業界、國家，甚至是整個世界，都需要依賴信任才能運作下去。國家之間無法彼此合作或建立關係，通常都是缺乏信任所致。政治人物不誠實，他們無法正面交鋒、直視彼此的眼睛坦誠相待，並協力找出解決問題的方法。

　　任何組織、社會或關係若缺乏信任，將無法順利運作──不論是婚姻、教會，或是學校。

　　假如我們無法相信老師每天會準時上課，或是會誠實打分數而不偏愛任何學生，那麼信任將不存在。假如我們無法信任公權力或位高權重的人──小自警察、大至總統──人民將無法凝聚，社會將分崩離析。

信守諾言的重要

即使處於值得信賴的社會,我們仍可能對他人的話持懷疑態度,因為我們曾經被誇大不實的廣告、某人的失信,或某些不可信賴的人傷害過。因此,我們會採取一些措施,讓別人知道我們會信守承諾。

我們透過「向神發誓」,或是把右手放在《聖經》上發誓,或是簽訂合約等方式來達成協議。然而《聖經》告訴我們,只要言出必行就可以獲得信任,不需要採取其他花俏的做法。在一個存在著信任的社會裡,口頭承諾就已經足夠。

我經營跨國事業並與數百萬人合作,因此必須相信幾乎所有人都是值得信賴的,也必須信任其他人。而我信任地球另一端的陌生人。

我們將密西根州亞達市工廠所生產的安麗產品裝入貨櫃,然後利用卡車或火車將貨櫃運送到西岸。

之後再把貨櫃放上開往東京的貨船,再從東京把產品配送到全亞洲。同樣的,我們的產品運往澳洲雪梨後,會再配送到澳洲各地的直銷商手

上。假如無法信任人們會將這些產品準時送到適當的人手中，我將夜夜無法成眠。

信任代表了我們會信守諾言。我在創業早期就知道，唯有仰賴這個簡單的原則才能成功。安麗的第一個產品叫「多用途軟性洗潔劑」（Liquid Organic Cleaner），一開始由底特律的一家新工廠負責生產製造。我們第一次與那家公司打交道，而事實證明那家公司的老闆完全不可信賴。

他無法生產品質穩定的洗潔劑。他交給我們的第一批產品的瓶蓋是紅色，下一批卻是黃色，再下一批又變成藍色。清潔劑的顏色有時是清澈無色，有時則是黃色。他有負債，因此每當我們付錢時，他就用這些錢還債，而沒有資金可以購買生產原料。

有時他交給我們的產品是他向別人買來的，只是在原有標籤上貼上我們的產品標籤。我們曾經收到一批貨，貨上的安麗標籤竟然脫落了！結果我們發現，這批貨竟然是馬桶清潔劑！由於這家公司的老闆如此不可信賴，我們只好另尋供應商，生產同樣的產品。

結果原來的供應商說我們竊取他的配方，並控告我們，要求賠償二十五萬美元。控告的事件

令我們開懷大笑，因為他竟然以為我們的小事業有如此高的價值！

　　我們後來又學到好幾個重要的功課。我們需要值得信賴的人來生產品質穩定的產品，並準時出貨。我們也知道，產品需要靠人來銷售，我們必須與人們建立關係，贏得他們的信任，才可能成功。

　　安麗現在生產數百種產品，因此必須嚴格為品質把關，才能以滿意保證銷售產品。安麗所有的產品都是在朋友或家人之間銷售的，人們向信任的人購買我們的產品。

誠實相待

　　信任依照一個黃金原則運作：相信人們會將心比心地信任我們，這不僅令人感到安心，而且會鼓勵我們做個值得信賴的人。安麗的營運制度從來不曾動搖改變，這點讓我非常引以為豪。

　　五十年來，安麗人依據營運制度得到應得的獎金，也就是根據他們自己和下線的業績領取獎金。假如某甲推薦某乙加入安麗事業，某乙就成

了某甲的下線。這是信任，也是責任。即使某個安麗人過世了，他的後代仍然可以領取他在安麗建立的事業所創造的獎金。

你可以理解有人對你說「我信任你」背後所隱含的榮譽感。我信任你可以在不需要監督的情況下，完成這項工作。我可以將此重責大任託付給你。我知道你將會在約定的時間與我碰面，我信任你。我知道你會償還那筆貸款，我信任你。我可以放心把車鑰匙交給你，我信任你。

我們必須成為值得信任的人，如此一來，當我們告訴他人我們信任他們時，這句話才更有正面的影響力。當我們失信或食言時，人們對我們的信任很快就消失無蹤。失去的信任很難復得，尤其是對孩子而言。

當你告訴孩子你將為他們做某件事時，一定要設法辦到，這樣才能建立他們對你的信賴。假如你無法辦到自己承諾的事，你一定要誠實地告訴孩子，這樣才不會誤導他們。即使會受到傷害，我們也必須學習對孩子百分之百的誠實。

在我的成長過程中，每當我央求父母買某個東西時，父母常會說：「你知道我們買不起。」這是一句簡單又誠實的回答。誠實的回答很重

要，唯有如此，他人才會相信我們的話。

不論我們的答案是什麼，都必須永遠對孩子實話實說。當我們要告訴別人自己能不能辦到，或是願不願意時，都必須經過深思熟慮。假如你坦誠對待他人，就能贏得他人的信任。

團隊合作的重要

值得信賴的人才能贏得大家的信任，但是你可能會認識一些不值得信任的人。也許與你做生意的人曾經占你一點便宜、不在訂單上詳載細節，或是在認為你是個穩定的客戶後開始打馬虎眼。這些人違背了你的信任。

我時常在海上航行，因此我喜歡如此比喻：社會中失去信任，就像在船上失去信任一樣危險。航海是一種團隊運動，而且充滿危險。帆船上有許多活動式的零件，當強風與暴風雨來襲時，一不小心就可能造成傷害。

我最近和一個與我們進行航海比賽的年輕人聊天。他是個頭槳手，必須隨時準備爬上船桅頂端，解開糾結的繩索或修理卡住的船帆。假如某

一條繩索斷裂，他很可能被甩到船桅頂端或是摔落到甲板上。

他告訴我一個最近的經歷。他被繩索纏在船桅頂，並且無法控制地不斷搖晃。船隻在暴風雨與雷電中不斷劇烈搖晃。他在桅杆頂端試圖解開卡住的船帆，但突然間他摔了個倒栽蔥，倒掛在安全索上。船身每搖晃一次，他就被甩撞上船桅一次。

當其他船員終於將他解救下來時，他已全身是傷並且失去意識。這艘帆船僅以七、八海里的速度前進，因此得航行好幾個小時才能抵達港口。

他最後被送到醫院，後來也康復了。但重點是，人生就像是航海，處處充滿了危險，我們必須信任他人，讓他們做我們自己一個人無法完成的事。

你必須信任同在一艘帆船上的船員。繩索有可能會斷裂，船的某部分可能會脫離原位。假如操縱者的動作不夠快，絞盤有可能會變成危險物品。

在海上航行確實是一種團隊運動，船員必須互相協調合作。就和人生一樣，航途中可能會遭遇危險，尤其在暴風雨來臨的時候。

航行需要團隊合作：舵手、發號施令的船長、領航員，以及在船首不斷拉扯與調整船帆和糾結繩索的船員之間，必須存有信任。他們必須信任彼此會做好分內的工作，因為任何一個小差錯，都可能讓某人失去一根指頭，或失足落水。

　　人生也需要團隊合作。在航行中，船長和領航員、全體船員都信任彼此會做好分內工作，人生也是如此。我們必須信任能力比我們強的人。人生可能充滿危機，我們必須信任他人會做好分內的工作，同時不要做出危及他人的事。

　　在奧蘭多魔術隊中，信任以無私的形式表現出來。每位球員都想提高自己的紀錄與得分，但唯有與隊友合作，才能達到這個目標。球員即使非常想射籃，但沒有機會出手，就必須把球傳出去。除了傳球之外，球員也必須無私地在球場兩端善盡職責。

　　籃球是非常耗費體力的運動，球員必須跑個不停，而且要在攻守之間快速切換。防守尤其累人：球員會跑累，也可能開始失投，或失去投籃的節奏。

　　他們必須擁有驚人的體力與意志力，在攻守之間來回轉換；在一個團隊中就必須如此。信任

代表沒有私心——犧牲小我完成大我。我們必須要有團隊精神。

　　說出「我信任你」這個力量強大的句子，可以讓彼此依賴的人關係更加緊密。在家庭、職場與社區裡，信任是無形的合約。我們必須說出「我信任你」，以顯示對某個關係親密的人的信心。

　　就像一同航行的船員或一同打球的籃球隊員一樣，這個社會也需要信任才能順利運作。我們就像船員或球員一樣彼此依賴。

　　告訴別人「我信任你」傳達了一個特別的訊息。現在我仍然會善用各種機會，告訴我的孩子、孫子、朋友，或同事：「我信任你。」

9

「我尊敬你」

傾聽人們急於與你分享的驕傲人生時刻,你很快就可以在他們身上找到值得尊重的事物,然後你就可以對他們說「我尊敬你」。同時,你將可以贏得他們的尊敬,並且提高自尊心。

我的父親賽門擁有好名聲，每個人都喜歡他。我確信他如此受歡迎，是因為他喜歡人，並且尊敬他人。他教導我最重要的事情之一，是每個人都具有價值與天分。

不論身分與職業，每個人都可能是某人心中的重要人物。因此，我們要學習尊敬每個人。

唯有尊敬他人，你才能得到他人的尊敬。運用本書提及的短句，其實就是對我們所認識與遇見的每個人表示敬意。一旦我們開始從每個人身上找尋優點，與令人尊敬的特質，表達尊敬之意就會變成一種習慣。

本書提到的其他句子，只要說出口就會產生效果，但尊敬比較複雜一點。說出「我尊敬你」可產生很大的效果，然而尊敬必須靠行動贏得或展現。尊重是互相的，假如你希望得到尊重，就必須尊重他人。

你是否重視、尊重對方，本人一定知道。要掩飾不尊重的心態很困難，人們幾乎靠直覺就可以察覺出來。

我有一位朋友總是把紙鈔按照面額大小依序排列整齊，再小心翼翼地放進皮夾裡。有一天，我終於開口問他，為何要如此一絲不苟地做這件

小事。

他說：「我尊敬錢的價值，所以我以尊敬的態度對待它。」假如人際之間贏得與展現尊敬的原則如此單純就好了！人們很自然會尊敬錢，但我們卻必須努力才能贏得尊敬，與尊敬他人。

懂得傾聽

有人說，世上有兩種人。一種人走進房間時會說：「我來了！」另一種人走進房間時則說：「啊，你在這裡。」我們必須當第二種人。要贏得與展現尊敬的第一步，是傾聽他人。

每個人一生中都有某些成就。假如你問某人一些問題，藉此了解這個人的某些事，就能找到理由對他說「我尊敬你」。

有時人們在參加午餐會或其他正式場合之前，會問我他們該說些什麼。我都會建議他們問問題。人們曾說我在社交場合似乎總是很健談。當我檢視自己與他人的對話後，我發現說話的人通常不是我。我只是問很多問題。

例如，在一次家族聚會中，我與一個外甥女

聊天，我以一些簡單的問題開啟對話：「你的孩子好嗎？其中一個不是剛從高中畢業嗎？」

於是，她開始告訴我，她的兒子在全校六百名畢業生中名列第三，而且有四所大學名校願意提供他獎學金。

這個成就實在值得我對他表示敬意！後來，當她的兒子走過來時，因為我已經知道他的成就，所以可以對他說：「恭喜你！我尊敬你！」

我的兒子迪克競選州長時，有人告訴他，他必須學會用一分鐘跟人打招呼。競選期間，候選人要盡可能與最多的人握手。這表示他必須在一分鐘之內結束與一個人寒暄，然後再與下一個人打招呼。

迪克有點難以適應這種做法，因為他習慣與人聊天、問一些問題、傾聽對方的回答，並且直視對方的眼睛。

他被教育要尊重別人，不論對方是誰。他的習慣在競選期間可能對他不是很有利，但我相信別人至少會認為他尊敬其他人，因為他願意傾聽。尊重來自你關心他人的事，而且願意傾聽。只要這麼做，你很快就會贏得尊敬他人的名聲。

要找出尊敬他人的理由其實很簡單，因為每

個人都喜歡談論自己的事。你只要詢問對方最近的生活情況,就可以輕易開啟對話。事實上,有些人可以不斷談論自己的想法或自己在做的事,絲毫不會厭倦。

　　有個故事說,有個人不斷談論自己的事,講了很久之後,最後終於說:「談我已經談夠了。現在請你告訴我,你覺得我怎麼樣!」

　　我們遇到的人通常不太多話,但鼓勵對方談論自己的事,可以產生非常好的效果。有人詢問我們最近在做的事,或是我們對某件事的看法,就是對我們最大的恭維。在大多數的對話中,人們總是等不及要插話,談論自己的經驗或意見。這是人的天性。

時時不忘關懷他人

　　我們希望他人尊重我們、愛我們、欣賞我們。假如真是如此,那麼我們就該在他人身上找出值得尊敬的優點與成就,然後對他說:「你真棒!我尊敬你!」既然有這麼多人想得到尊敬,那麼對人表示尊敬就成了一件很重要的事。

對我們遇見的每個人表示關心,是最高形式的尊重。威爾・羅傑斯(譯注:Will Rogers,著名喜劇演員和社會時事評論員)曾說:「我從來不曾遇到我不喜歡的人。」

假如我們有難相處的同事、與鄰居不和,或是曾經遇過不討人喜歡的人,就很難相信有人可以如此。

我猜,羅傑斯可能對自己所遇見的每個人都非常關心,並且試著在對方身上找出他喜歡的特點。我也曾遇到一、兩次難以尊敬對方的情況,但那很可能是因為我沒有足夠的機會,好好與那個人聊天。

我敢說自己一直對人很感興趣,也真心關心他人。我甚至發明了一種小遊戲,好更進一步了解我已經認識的人。這個遊戲就叫「你在證人席上!」。與家人或朋友聚會時,我們會挑選一個人「到證人席上」。

假如輪到你,你就要將自己的人生故事與所有人分享,而且其他人可以問你問題。我發現在海上悠閒地航行一天,即使是不願多談自己的人,也會開啟話匣子!

我們驚訝地發現,我們對彼此的了解真的非

常有限,即使是最好的朋友也是如此。只要聆聽,就可以知道很多事情。

我並不知道每個我遇見的人有什麼樣的人生故事,但人們常告訴我,他們覺得我似乎常停下腳步、結識各式各樣的朋友,並試著知道一些關於這些人的事。

即使是知道某位餐廳服務生,或把船停在隔壁碼頭的人,或是在候診室裡坐在我身旁的人的一點事情,都可以讓我的人生變得更豐富。

小動作,大關鍵

我們需要關心他人、傾聽他人的心聲。即使是簡單如記得人名與識得面孔這樣的小事,都是展現與贏得尊重的表現。當有人叫得出我們的名字時──尤其是記得我們名字的大人物──我們會覺得受到尊重。

我很尊敬老布希總統。當我走進他的房間時,他會說:「嗨,狄維士。」他並不需要說「我尊敬你」,因為他在美國首府華盛頓特區會見過數千人,他卻願意花力氣記住我的名字。

設法以姓名稱呼他人,表現出對他們的敬意。許多人對他人的姓名毫不在意,但我認為這是建立關係的關鍵。

假如我到某個場合,卻不知道在場人士的姓名,我會感到有些不自在。在參加重要場合之前,我甚至會先瀏覽與我有一段時間沒見面的賓客名單,以回想起他們的姓名。

養成記住人名與臉孔的習慣,就是尊敬他人的表現。當我在安麗的廠房走動時,人們會對我大喊:「嗨,狄維士。」我想,這種友善的氛圍來自我記得員工的姓名。

人不分貴賤

當我向生命中的人表達尊敬之意時,會得到什麼?當然是尊敬。要表現出敬意,只需要暫時先忘卻自己,意識到其他人的存在。

多年來,我在安麗的員工會議上表現出對員工的尊重。我們尊重員工的意見與能力,因為我們先給予他們做為人應有的尊重。

我們認為,他們應該要有機會與我們圍坐在

同一張桌子旁，發表個人意見與提出建議。他們可藉此機會認識我，而我也可藉由發問與傾聽來認識他們。他們會知道我不是壞人，而且願意公正地對待他們。

尊重就是這樣建立起來的。設置意見箱也是尊重員工的做法。假如我們由於太趾高氣揚而忽略其他人，就犯下了一個大錯。假如我們真的想成為重要人物，就必須注意到他人，並對每個人表示尊重。這才是成為重要人物的方式。

真正的尊重沒有社會或經濟階級的分別，它必須擴及各行各業的人。在創立安麗公司的早期階段，有一位員工負責照顧所有的草地與剷雪。我曾對他說：「哈利，你總是把工作做得很好。你何不來應徵公司的內部職務？」

他說：「不了，我喜歡現在這份工作，我只想待在外面做這個工作。不要為我擔心；不要試著給我升遷的機會。」

唯有當他覺得自己的工作具有價值並獲得尊重時，才有可能說出這樣的話。我時常稱讚他傑出的工作表現，因此他知道自己已獲得尊重與賞識。

我也記得公司曾有一位技術高超的卡車司

機，由於表現太好，我們決定讓他管理卡車車隊。一年之後他說：「這個工作不適合我，卸下我的管理職務吧。我想要回去開卡車。」

這位司機有足夠的自尊了解並表達他喜歡與不喜歡的事物。他不喜歡監督別人。他喜歡駕駛卡車！他覺得自己做的是對公司很重要的工作，而且受到尊重。在一個尊重並非來自職位與職稱的工作環境裡，他感到很自在。

當我們想到每個人都是依照神的形象創造出來，且每個人的生命都具有意義時，就會用希望自己被對待的方式來對待別人，以賦予每個人尊嚴。

在神的計畫中，每個人有不同的工作。每個人都在人生中扮演某個角色。我們要尊重每個人，而不是與他人比較才能與職業。

容納不同的聲音

當我們陷入「我們比你們好」，或是「我比你強」的爭論時，就是不尊重對方。當我們將人們歸納為某個類型，或對他人形成刻板印象時，

就等於剝奪了人們的尊嚴與人格。

　　過著處處與人比較的生活是沒有意義的，因為永遠有人更好，也永遠有人更差。好與人比較可能是好勝心作祟所致，但這是不尊重他人的壞習慣。

　　我們必須超越政治立場、宗教信仰，或個人背景的差異，才能表現出真正的尊重。我們可以擁有不同的背景、抱持不同的觀點，但仍然彼此尊重。

　　美國的政黨過去比現在更能尊重彼此的觀點。共和黨與民主黨以前會為共同的偉大目標合作。他們可能在內政議題上爭論不休，對外交事務卻口徑一致。

　　范登堡（Arthur Vandenberg）是大湍流市人，他在 1928 年到 1951 年擔任參議員期間，以善於協調兩個政黨彼此尊重以達成協議而聞名。

　　美國於 1977 年至 1987 年間的國會發言人歐尼爾（Tip O'Neill）也是個中好手。他能讓意見對立的雙方至少願意尊重彼此。

　　我們可以擁有不同的政治立場，但不可做人身攻擊。當我們學會傾聽的藝術，並發自內心關心他人與他們的觀點時，就可以運用「我尊重

你」這句話。告訴某人你尊重他,是對他最大的讚美。這句話會讓每個人聽了都很開心。

我們也需要對他人的決定與感受表達尊重,即使他們的決定與我們的利益相衝突。佛羅里達鱷魚隊（Florida Gators）的教練唐納文（Billy Donovan）,於 2007 年帶領球隊得到美國大學籃球聯賽冠軍後,隨即簽約擔任魔術隊的教練。

公開的簽約儀式獲得 ESPN 與全國各大運動媒體的報導。後來,他決定留在佛羅里達的蓋恩斯維爾（Gainesville）,繼續擔任大學籃球隊的教練,而不加入 NBA。

他打電話向我解釋這件事,聽完他的說明後,我告訴他,雖然我不贊同他的看法,但我尊重他的個人意願,並願意讓合約作廢。

幾個星期後,他突然打電話給我,感謝我們對這件事情的高尚處理。這個例子說明了我們應該始終對人保持尊重。

尊重是人際關係的基礎

如同信任一樣,尊重是所有良好關係的核

心,從婚姻與家庭到事業與運動都是如此。我鼓勵奧蘭多魔術隊的球員要彼此尊重。團隊運動必須建立在對球賽與隊友的尊重之上。偉大的教練知道如何鼓勵球員,並贏得他們的尊重。

在籃球運動中,雖然每位球員都想得分出名,但他也會由於協助隊友得分而得到功勞,因為這代表他敬重每位球員的才能與貢獻。

假如沒有尊重與信任,團隊合作是不可能存在的。這個道理不只可以應用在運動界,同時也適用於商業界。

我與安洛的合夥關係能夠長久,就是因為彼此尊重。我們當中有人出差時,從來不需要擔心公司裡的事,因為我們都可以為對方做決定。這就是尊重。

尊重的基礎始於家庭。我們在家中學習尊重父母與兄弟姊妹。家庭的作用是支持家庭與家族裡的每個人,並彼此祝福。

當你聽到某個親戚有所成就時,你會給予祝賀。你們彼此支持,關心每位家族成員。當你這麼做、而且成功實行時,一個家庭就此誕生。

我們決定繼續以家族事業的模式,來經營安麗公司。這也需要尊重。現在安麗由我的兒子道

格管理,其他的家族成員都尊重他,也相信他會做出正確的決策。

現在,我們的工作是要讓第三代了解家族事業,並意識到我們家族要對數百萬名員工與直銷商負責,而且他們也必須尊重與感謝這些人。

打從創業開始,安洛與我就深信許多美國人都希望擁有自己的事業。之後,我們又發現全世界的人也有同樣的願望!我們的信念建立在尊重人的基礎上。假如我們不是深信人有價值,而且值得信任與尊重,就不可能開創這個事業。

組織的核心理念

我很高興有如此多員工覺得他們就像是家人般受到尊重。安德森(Nick Anderson)在我們買下魔術隊時,就已經是隊上的一員。

幾年前他告訴我,為魔術隊打球是他唯一真正熱愛的工作,他希望能重回魔術隊做任何他能勝任的工作。

「成為魔術隊一員是我人生最重要的事,魔術隊就是我的家人。」他說。安德森擅長與人互

動,他現在是魔術隊的親善大使,用各種方式為魔術隊盡一己之力。

我很高興他是因為魔術隊像個大家庭而願意回來。這是一個家族事業,我們希望讓人們感覺自己受到尊重。

不尊重員工的事業、關係或組織,注定要失敗。當原本彼此尊重與合作的組織,變成一個為私利而內鬥的組織時,它就已經走在下坡了。

這些年來,我注意到組織氛圍由尊重轉為自私的一個典型模式。這樣的組織會經歷四個階段:(一)創造階段;(二)管理階段;(三)捍衛階段;(四)責怪階段。

在第一個階段,某人擁有一個創業的願景或夢想,其他人尊重那個人的夢想,並熱情參與新王國的建立。來到第二個階段時,人們開始把一部分建立與創造的精力,用來組織與管理這個新王國。

在第三階段,這個組織在開創與守成之間掙扎。到了第四階段,這個組織開始向內部發展,成員開始內鬥、相互競爭,並在遭遇挫折時怪罪彼此。

建立與創造時期的熱情已被遺忘,人們只想

到要分贓。也許你曾在職場、學校、教會或政府裡看過這個模式。我相信我們需要更多可以展現與贏得尊重的積極領導者，重新將許多機構引導回充滿熱情與生產力的創造階段。

並不是所有組織或個人都願意尊重他人。有時我們受到尊重，有時卻也不被尊重。我很早就知道，除了贏得與展現尊重之外，我們也需要學習如何在不被尊重時，依然保持積極的態度。

媒體經驗

我還記得一生中頭幾次受到群眾敬重的感覺。我的「推銷美國」演講稿，讓我開始感覺到我本人與我的觀點都贏得了聽眾的尊敬——他們對我的尊重不只來自我事業上的成功，同時也來自我公開表達對美國的熱愛與自豪。

那是我的第一個公共論壇，我還記得自己曾經懷疑那篇演講是否真值得登在地方報紙上。我現在可以歡喜地承認它確實值得，而且這件事對我來說很重要！

我們的名字一生中至少會見報兩次——出生

與死亡時。然而，我相信我們都希望在報紙上多看見自己的名字幾次，因為這代表我們所說的話或所成就的事受人尊敬。

當我更積極參與社區事務，創業成功的名氣也愈來愈響亮時，我的名字出現在家鄉地方報紙的頻率增加了。我認識這家報社的編輯，有一天我告訴他：「你那天刊登在頭版的安麗新聞，其實稱不上是頭條新聞。」

「沒錯，那則報導不算，但你算。因為你積極投入社區事務，所以和你有關的新聞都是頭條新聞。」他說。不論這是否是好消息，但至少他們展現了最高境界的敬意。

我發現，我早期與報社打交道的經驗恰好是負面示範，這讓我覺得既有趣又好笑。早期我們在發展紐崔萊事業時，曾試著在報紙的分類廣告欄刊登徵求直銷商的廣告。

廣告的內容很簡單：「兼職，月入一千美元。提供完整訓練。」許多報社拒絕刊登這則廣告，因為我們無法保證收入的數字。我告訴他們，我不能保證收入有多少，但想工作的人至少有工作機會。

屏棄負面思維

許多人不尊重安洛與我和安麗事業。他們嘲笑我們，說我們的事業絕對不會成功。我們後來學會了不去理會這些人的意見。

假如你相信自己正在做的事，你就得獨排眾議果敢前進。就像安洛常說的：「野狗在路邊狂吠，而商隊會繼續前行。」

有些人不尊重他人，是因為他們對人抱持負面的看法。一位銀行家曾告訴我，安麗的運作模式一定行不通，因為人是不值得信任的。在安麗的運作模式中，直銷商要負責把每個月的獎金發給同體系的其他人。

這位銀行家問我：「你為什麼認為每個人都會把這些獎金發出去？」我說：「因為人基本上都是誠實的。」

我從沒想過有人會不把獎金發出去！安麗公司會負責確保獎金按照制度分發，我們更鮮少遇到直銷商不發放獎金的例子。這顯示了尊重與信任的力量──這種積極的力量可以消除不願尊重他人、負面思考的人的質疑。

我學到消除藐視心態最有效的方法，就是展現尊重。多年前，我隨隊參加美國盃帆船資格賽去澳洲時，發現澳洲人非常敵視美國隊。

多年來，紐約帆船俱樂部由於強勢捍衛此獎盃而遭到敵視，因此澳洲人視美國隊為不計一切手段只求得勝的「美國佬」。一百三十多年來，紐約帆船俱樂部一直是美國盃得主，只有在 1983 年時輸給了澳洲隊。

澳洲人對此感到非常驕傲，因為他們是第一個從美國隊手中奪走獎盃的國家。許多澳洲人以此嘲笑美國隊，有些海關人員甚至在美國隊離境時奚落他們。然而，當我隨美國隊去到澳洲時，我展現風度，並友善地與澳洲人握手聊天。

只可惜我們在這次的資格賽中遭到淘汰，但我相信不論是對美國隊或美國而言，我們已盡力在澳洲人心中留下好印象。他們會發現，這些「美國佬」其實並不是那麼壞。

別害怕被拒絕

另一個需要努力克服、妨礙尊重的難關，是

遭到拒絕。我們一生中都必須面對他人的拒絕。當我需要一顆能夠救命的心臟時，我遭到了最難以克服的關卡：全美的心臟醫學中心都拒收我為病人。

他們都說，心臟移植對七十歲高齡的我來說已無法發揮作用。後來，終於有一位英國的外科醫師願意收我為病人。

人生就是如此。我們可能被許多人拒絕，但神會為力圖扭轉情勢的人開一扇門。在經營紐崔萊事業時，我們知道平均每拜訪四個人就會有一個人願意購買產品。

人生也一樣，在贏得他人的尊重之前，你通常需要克服多次的拒絕。但假如你相信自己、也相信他人，你就能夠克服被人拒絕的窘境，並由於尊重他人而贏得尊重。

由於我多年的業務經驗，又或許是天性使然，我不大在意他人的拒絕，或不尊重的態度。我的焦點永遠放在每四個人當中說「好」的那個人身上。

我的高中同學告訴我：「老兄，你總是非常積極；你總是帶頭的那個人；你總是最會搞笑的那個人。」

我不記得自己是否真如他們所說那樣,但顯然有人記得我是個生氣勃勃的人。我認為,這毫無疑問是由於我父母所創造的充滿愛與尊重的家庭所帶來的影響。

當你在家受到尊重,就會變成一個快樂的人。當你不受尊重,你很難去尊重他人。假如你不受尊重,就不可能成為一個積極、自信的人。

先懂得釋放善意

我建議大家透過好的品格贏得尊敬,因為這樣才能擁有成功的未來,而且每個人天生都具備這樣的能力。當你初次遇見某人時,問他問題、傾聽對方、向這個人表達發自內心的關心。

透過行為舉止表現對他人的尊重,你就會開始對自己與他人有正面的看法。當我思考自己多年來身為領導者的角色時,我堅信對他人的尊重是領導者所應具備最重要的特質。

假如無法尊重同事或顧客,你所具備的商業與管理知識將無法發揮作用。假如這些人不尊敬你,你就不能算是個領導者。我認識一些居於領

導地位的人，他們企圖透過權勢或威嚇要求他人給予尊重。

然而，要求是換不來尊敬的！你在職場或人生中都曾遇到一些領導者，想想那些你尊敬的領導者，我敢打賭，他們都是由於表現出對你的關心而贏得你的尊敬。

你尊敬並且最欣賞的大老闆，很可能就是記得你的姓名、稱讚你傑出的工作表現，或是停下腳步與你聊天，並關心你家人近況的那個人。

要贏得尊敬很容易，你不需要具備高超技巧或管理學學位，但它對一個想要成功的領導者來說非常重要。父母是家中的領導者，他們需要傾聽孩子的心聲、公平對待他們，表現出對孩子的尊重，以贏得孩子的敬重。

老師是課堂上的領導者，他們可以透過了解學生的個別情況與需求，表達對學生的尊重。醫師可以透過了解病人在病歷資料以外的情況，表達對病人的尊重。不論在哪個行業，領導者只要懂得尊重他人，就有機會贏得他人的尊敬。

我們都希望、也需要得到尊重。假如你希望獲得尊重，我建議你先關心他人，表現對他人的尊重。

問幾個問題,傾聽人們急於與你分享的人生時刻,你很快就能在他們身上找到值得尊敬的事物,然後你就可以說「我尊敬你」。同時,你將可以贏得他們的尊敬。做為一個受到敬重的人,你便能提高自尊心。

10

「我愛你」

我們不能只是想著要說「我愛你」卻不付諸行動,之後才來後悔沒能說出口。讓我們善用每個機會,發自內心告訴所愛的人「我愛你」。

發自內心地說出「我愛你」，可以產生驚人的力量。當我想起海倫是如何使我的人生更豐富、更完整時，我知道是神讓我們結合在一起。多年來，我們的愛不斷成長，延伸出了四個孩子，他們的配偶，再加上十六個孫子。

我很感謝神能讓海倫與我在多年前對彼此表達心中的感覺。即使結婚已超過五十年，我們仍清楚記得第一次見面的情景。

因為相愛而學會欣賞彼此

當時我正和一個朋友開車沿著大湍流市的街道行駛。我們注意到路邊的兩個漂亮女孩（其中一人是海倫），我的朋友認識她們，因此提議順道載她們回家。

我們先送海倫回家。當她要下車時，我問朋友她叫什麼名字，朋友便把海倫的姓名和電話號碼，寫在我心理學課本的封面內頁上。我現在仍保留著那本課本。

後來，我打電話約海倫出來。在一個美麗的星期天下午，我駕駛飛機載她在天空翱翔，那是

我們第一次約會。不久之後，海倫去一位朋友家玩，當她和朋友的兩個女兒在碼頭散步時，經過了安洛和我的船「沙律」號（Salud），而我恰巧就在船上。

我提議開船載她們出遊——其實我當時只是要到下一個碼頭加油，但兩個小女孩都非常興奮，而海倫也同意了。在用汽車、飛機和帆船載海倫出遊之後，我繼續打電話約她出來。沒多久我們就訂了婚，一年之後便步入禮堂。

海倫後來告訴我，第一次見面時她覺得我很驕傲。事實上，我母親曾警告過她：「你要勇於表達意見，因為狄維士家的人很會指使人。」

但海倫說，她後來發現她原本以為的驕傲，其實只是高度的自信，而原本以為的「瞎扯的天分」，其實是與人溝通連結的天分。由於我們深愛彼此，所以學會欣賞彼此。

海倫非常積極，也總是支持我、鼓勵我。她以信仰引導我們的婚姻、家庭，甚至是我們的事業。她一直提醒我們不要忘了我們的價值觀，以及生命中真正重要的事物。

她不斷付出，因為她覺得我們有義務與人分享，而分享就是順從神。因此，我們所進行的許

多慈善計畫都源自海倫的信仰。

海倫同時也是位很棒的朋友。她身體力行「要得到友誼,先從當別人的朋友做起」的原則。由於她的緣故,我們在家中、船上以及旅途中,永遠都有朋友作伴。

「我愛你」涵蓋了前九個勵志短句。我們對人的感覺——不論是浪漫的愛情、家人間的親情,甚至是親密的友情——都是某種形式的愛。我們必須愛彼此;這是耶穌在《聖經》中告誡我們的話。

說出愛對方是比「我尊重你」或「我相信你的能力」更溫暖的表達方式,也是我們對景仰與欣賞的人表達感情更溫柔的方式。愛是極大的信任與信仰——它是表達情感最強烈的用語。對大多數人來說,說出「我愛你」需要很大的勇氣。

從肢體表達到訴諸言語

除了夫妻之間的愛,還有許多種的愛。我們必須找到一種方法,向親近的人或是重要的人,表達我們對他們的愛。多年前,一位好朋友曾鼓

勵我要更自然地表達我對其他人的愛。

這個人是慈奧理，他是福音電影公司（Gospel Films）的創辦人，也是我的多年好友，他習慣毫不保留地表達他對人們的感覺。

這也許是他的義大利血統所致：他可以大步走向某人，給對方一個熱情的擁抱，從來不感到害羞。慈奧理鼓勵我用擁抱來向人們打招呼。

慢慢地，整座城市開始流行以擁抱做為招呼——有些人接受這個習俗，有些人則不太願意改變原有的習慣。若鼓不起勇氣說出「我愛你」，擁抱是簡單表達出這句話的一種方法。

我的下一步是實際說出這幾個字。於是，我開始說「愛你」（love ya）。那是家人或好友之間會使用的語言。我發現孩子們在聊天或講電話時，總會說到這兩個字。簡單的兩個字，卻能讓聽者知道我們對他們的愛。

然後，我也開始在短箋和信件上簽上「愛你」，以表達比「真誠的」（sincerely）更強烈的情感。我從來不知道「真誠的」指的到底是什麼，但「愛你」傳達了不同的訊息，現在成了我的註冊商標。

它代表了一種私人的關係與連結。它傳達我

們之間存在著一種特別的關係，一種不需要形於文字約定的關係。像是，當我告訴你我會到場，我就會到場；你可以相信我一定信守諾言。

與創業夥伴的深刻情誼

我們必須學著去思考自己對他人的真正感覺，然後將這些感覺表達出來，並開始對他們說出「我愛你」。愛不只存在於夫妻或男女朋友之間。我們需要表達各種不同的愛。

安洛過世之後，我找到一大盒他在二次大戰期間寫給我的信，當時我們兩人都在海外服役。在重讀其中幾封信之後，我決定把所有信件交給他的兒子大衛，因為我覺得他也許會希望擁有這些信件。

我也告訴大衛，這些信或許能幫他了解安洛與我之間的情誼，以及我們的友誼如何持續了一輩子。大衛後來告訴我，這些信件令他非常感動。他說這些信讓他重新認識了他父親與我之間的關係，以及他父親對我的深厚感情。

我還記得有一次安洛在聊天時，談到了各種

不同的愛──浪漫的愛情、親子之愛、手足之愛，與莫逆之交的愛。

安洛在給我的信中表達了一種愛，也就是他對我某些特質的欣賞，而這也是他想要與我成為朋友的原因。安洛在寫給「最好、最親愛的兄弟」的信中，表達了他對一位由於戰爭必須分隔數千里的好友的愛。

當時我們剛從高中畢業，而且身處遙遠的異鄉。我們都需要知道自己在世界上的某個角落有個好朋友，而且有一天一定會回到家鄉一同創業，並且夢想將來會飛黃騰達。

那些信加深了我對他的信任。因此，當我們一同創業，那不過是我們堅定友誼的自然延伸。

在那多年之後，我寫了一封生日短箋給安洛：「過去二十五年來，儘管我們之間存在著差異，但有個更重要的東西引領我們一路走來。我不知道是否能用更簡單的方式來表達，但我想我們可稱它為互相敬重吧。或許更恰當的詞彙是『愛』。」

我們的友誼可以發展成合夥關係的原因之一，是我們的個性彼此互補。安洛雖然喜歡待在家裡看書，但假如我告訴他我要出去，他也會

想一起去。

我不需要費力慫恿,他就願意和我一起外出。因此,我想我讓安洛變得比較愛冒險,而他喜歡和我在一起的原因,是因為我為他的人生帶來多一點行動。

同樣的道理,我也非常欽佩安洛。他的學識淵博,而且充滿智慧。他知道很多我不知道的事物。他是個非常優秀的學生,看過的書比我多很多。我們對彼此的仰慕所形成的愛,發展成了莫逆之交的友誼。

表達對子女的愛

對孩子說「我愛你」尤其可以產生強大的力量。這幾個字讓他們覺得自己受到保護、關愛與信任;能說出這句話的人真的很特別。因此,何不將它說出來呢?假如你覺得你愛某個人,那麼說出「我愛你」就是將這種感覺表達出來。

遺憾的是,有些人從來不對自己的孩子或其他人說這句話。這通常是因為他們無法將自己的感覺說出口,又或許是他們不願花時間與精力在

這上頭。

　　對於本書提到的每個短句,我們一定要改掉不說出口的習性。我們可能常常會這麼想:「哦,這人真不錯。」卻從沒想過要把這個想法告訴對方。

　　我們在聽完一場音樂會之後會說:「真是棒極了。」然而,我們從來不曾想過要寫張字條,表達自己對這場音樂會的喜愛。我們必須把感覺寫下來,親自交給對方,而漸漸養成將情感表達出來的習慣。

　　最需要把愛說出來的場所,是我們的家。《聖經》〈申命記〉第十一章第一節和第十九節（Deuteronomy 11:1, 19）的經文:「你要愛耶和華,你的神,常守祂的吩咐、律例、典章、誡命……也要教訓你們的兒女,無論坐在家裡、行在路上、躺下、起來,都要談論。」

　　我們要教導孩子神的愛,並且向配偶與孩子表達我們的愛。當我參加畢業典禮,或看到孩子離家開創自己的人生時,我總會祈禱他們的父母已善盡教育的職責,灌輸他們可引領一生的價值觀。我希望他們在充滿愛的家庭的堅實基礎上,建立自己的人生。

兒時的影響

　　我擁有非常溫暖的童年回憶,並且在關係親密的家庭中成長。我們曾度過艱困的時期,也曾面臨經濟的難關,但我們一同面對這些挑戰。我們在金錢上常有匱乏,但永遠不缺乏愛。

　　現在回想起來,大蕭條時期與祖父母住在一起是一件很幸福的事,因為那讓我們一家人的感情更加緊密,也讓我接觸到祖父母與父母兩個世代的智慧與行為典範。

　　家庭是信仰與價值觀的基礎。我的父母與祖父母灌輸了我對耶穌的信仰,這個信仰一直是我生命的重心。

　　我的家人培養了我對國家與自由的熱愛。我的家庭是我的美國夢的發源地。我很幸運,我的父母教育我相信自己的能力,讓我勇於抓住無所不在的機會。

　　教導你的孫兒人生的基本道理。教導他們是非對錯,以及你最重視的人生價值觀。當個行為典範,與他們分享人生經驗。

　　建立穩固的家庭基礎雖然花費心力卻非常值

得，因為我們可以確保將許多人以及道德社會共同擁有的信仰與價值觀，灌輸給每一個世代。

雖然擁有的東西不多，但我擁有快樂的童年，直到現在我仍是個快樂的人。我現在擁有的財富，並沒有讓我變得比大蕭條時期的我更加快樂，是家人的愛讓我成為一個快樂的人。

結婚五十多年來，我一直非常珍惜妻子的陪伴。我為我們的四個孩子，他們的配偶，以及他們所創造的充滿愛的家庭，感到自豪。

海倫與我快樂地看著孫兒成長，並期待看到他們長大成人，在這個世界上闖出一條自己的路。我們每天為他們祈禱──一個一個地為每個人祈禱。

不同形式的愛

我們都了解存在於婚姻與家庭裡的愛，但我希望大家也能體會超越家人與好友的愛。愛以各種形式出現。你可以用非常獨有的方式愛某個人。你可以用稍微不同的方式愛你的孩子。你可以愛為你付出的醫師。

我愛我的心臟科醫師麥納瑪拉（Rick McNamara），我也能自在地對他這麼說。他是很棒的醫師，而且非常關心我；因此，我愛他。

我們也可以愛朋友。我曾說過，「愛你」是我們一家人的註冊商標。但現在有朋友受到我的感染，也開始對我說「愛你」。一位住在田納西某個小鎮的從商友人，總是以「愛你」結束我們的電話對話。

因此，朋友之間可以有另一種愛——尊敬與欣賞。我們需要從不同的角度來思考愛，這些愛在不同的人之間有不同的稱呼。

我們甚至可以熱愛人生中某個重要的時間或地點。許多人在畢業數十年後，仍然對自己的高中或大學充滿強烈的情感。

我可以發自內心地說，我仍然很愛我的高中，而且非常感激那裡的老師，以及學校的關愛與鼓勵氛圍。

海倫與我率先捐贈一棟藝術禮拜中心（Center for Arts and Worship）給我的母校——大湍流市基督教高中。學校裡沒有可以讓學生齊聚做禮拜、娛樂與表演的場所。學校提供很棒的戲劇與音樂課程，但表演場所卻設備不齊、狹小且老舊。

由於我們的捐款與社區的慷慨解囊，學生不僅有漂亮的禮堂可以使用，裡面還附有更衣室與排練廳。他們現在可以真正發揮所有的潛力。新設施的水準與學生的才能相得益彰，他們的家人與社區也在這個禮堂裡擁有美好的經驗。

　　對我來說，能夠回饋讓我受益良多的高中是一件很有意義的事。他們在大廳放了安洛的福特Model A 模型，他曾用這輛車接送我上下學，我們也曾在這輛車上夢想將來一同創業。

　　我永遠也無法回報那所高中曾給我的一切，或是裡面的人對我產生的影響，但我知道那所高中的傳統將會傳承下去，同時也將培育出許多未來的商界與社區領導者，對此我深感欣慰。

為家鄉盡一己之力

　　我也認為充滿愛的社區非常重要，而我很幸運能夠居住在這樣的社區裡。2007 年初，有人請我為咖啡桌書《西密西根的景色》（*West Michigan Visions*）寫一篇短文（譯注：coffee-table book 指的是主題輕鬆，可讓人一邊喝咖啡、一邊翻看的書

籍，裡面通常附有許多大幅精美照片或圖片）。

這類書籍報導了美國各地的社區，裡面有許多圖文並茂的文章，主題涵蓋了藝術、自然美景、休閒娛樂與商業活動。

我在文章中提到了我熱愛密西根西部的眾多原因，包括可供駕船的水域、友善的小鎮，與提供高品質生活與工作的企業家。你可以說這類書籍展現了社區的驕傲，但我認為它所傳達的情感更貼近於愛。

1970年代，當許多人與企業轉移到近郊發展時，大湍流市中心面臨了逐漸沒落的危機。當時我們曾打算在市中心外蓋一家飯店。

但安洛與我後來決定，安麗公司要重新整修位於大湍流市中心的飯店，因為這兒是我們的家鄉，我們愛這個地方，它在我們的心目中占有重要的地位。這個決定是大湍流市中心重生的開端，而大湍流市的發展至今仍然持續進行。

直到現在，仍有人會走過來感謝我對這個社區的投資，因為我們其實可以選擇投資其他地方。儘管我們對其他地區也很感興趣，但我們基金會主要的贊助對象是大湍流市。我們總是從企業投資的角度，開發自己的家鄉。

我們曾考慮在密西根州以外的地方蓋一個配送中心，進行調查後發現美國南部地區享有稅制與其他方面的優勢。然而，我們最後還是選擇留下來，因為這裡是我們的家鄉。

　　當我回想在大湍流市的投資決策與計畫時，一想到自己能夠促進家鄉的發展，我就感到非常高興和溫暖。在外面廣闊的世界中，有各種正面與負面的事物正在發生，但我們的工作是改善自己所屬的地方。

　　我們可以為家鄉灌注積極的態度、創造就業機會，幫助鄰居，並結合眾人的力量共同建設更美好的社區。

　　經濟是推動社區發展的主要動力，但我相信我們對家鄉的熱愛，是另一個刺激發展的要素。對家鄉的愛使人們選擇留下來而非離開。對家鄉的愛，使我們想確保孩子可以上最好的學校，市民也享有高品質的醫療服務。

　　我們熱愛家鄉，因為這裡有我們結交的朋友、舉行結婚典禮的教堂、慶祝家族活動時上的餐館，以及走在街道上心中所湧現的歸屬感。我們曾被告誡要愛我們的鄰人如同愛自己。這樣的地方是所有人都想居住的所在。

我熱愛自己建立並擁有的事業。我熱愛安洛與我在自家地下室，從一個小辦公室與倉庫起家的安麗事業，如今這個事業提供了收入與希望給世界各地的人。

安麗至今仍是家族事業；奧蘭多魔術隊也是個家族事業。我們的家族成員仍然在管理這些家族事業的日常營運，因為我們熱愛自己的事業，也熱愛自己的工作。

我始終熱愛我的工作，因此我覺得自己這輩子從來不像在上班。我從來不討厭上班，因為我不覺得那是工作。工作對我來說始終是一個愉快的經驗，即使是在最艱困的時期。

感謝國家給予的自由

我也認為，我們必須更勇於表達對國家的愛。海倫與我是國家憲法中心（National Constitution Center）展示廳的主要贊助者，這座位於費城的博物館於 2003 年 7 月 4 日開幕，是第一座紀念與解說美國憲法的博物館。

我們希望現在的年輕人與未來的世代，能夠

了解自由社會的架構,感謝冒著生命危險制定憲法的先人。

第二次世界大戰期間我在空軍服役,當時有數千位美國青年為了我們今日享有的自由而犧牲性命。當我們返回家鄉時,心中深信美國人可以完成任何夢想。

當全世界半數居住在共產與社會主義國家的人口無法享有自由時,我大聲疾呼要捍衛美國的民主與自由企業制度。我們以「美國的方式」(American Way)來為安麗事業(Amway)命名,因為我們深信美國的經濟制度,而人們也希望享有創業的自由。

我不否認美國也有問題,它並不是完美無缺,但我絲毫不想掩飾我對國家的強烈熱愛。外來移民對於新得到的美國國籍感到自豪,而我就是成長於這樣的國家,美國國民可以驕傲地向國旗敬禮,或大聲唱出國歌。

我們尊重總統,即使彼此的政治理念不同,或屬於不同的政黨。假如我們真心想擁有積極的社會與人民,就必須熱愛同胞、國家、民主制度,以及「一定辦得到」的心態,因為我們現在所享有的自由與經濟優勢,都來自這一切。

用愛創造積極的世界

因此,我們的身邊充滿了愛。我們要找尋並灌溉愛的種子——為了祝福我們的神、為了我們的婚姻、為了我們的家人、為了我們的朋友,以及我們的社區。我們不能只是想著要說「我愛你」卻不付諸行動,之後才來後悔沒能說出口。

讓我們善用每個機會,發自內心對所愛的人說「我愛你」,或是對景仰或欣賞的人說「愛你」。假如你實在說不出口,那麼至少給對方一個擁抱,一個深深的擁抱!

耶穌說,最重要的戒律是愛我們的主耶和華,其次是愛鄰人如同愛自己。讓我們真心真意地說「我愛你」。讓我們運用本書提到的所有勵志短句,把家庭、社區與全世界,變成一個更積極的地方。

■「我愛你」

心理勵志 BBP507

扭轉人生的 10 句話
安麗創辦人的成功智慧
Ten Powerful Phrases for Positive People

作者 —— 理查・狄維士（Rich DeVos）
譯者 —— 廖建容

副社長兼總編輯 —— 吳佩穎
責任編輯 —— 羅珮芳、陳怡琳
校對 —— 魏秋綢（特約）
封面設計 —— 克里斯（特約）
內頁設計 —— 陳健美（特約）
內頁排版 —— 張靜怡、楊仕堯（特約）

出版者 —— 遠見天下文化出版股份有限公司
創辦人 —— 高希均、王力行
遠見・天下文化 事業群榮譽董事長 —— 高希均
遠見・天下文化 事業群董事長 —— 王力行
天下文化社長 —— 王力行
天下文化總經理 —— 鄧瑋羚
國際事務開發部兼版權中心總監 —— 潘欣
法律顧問 —— 理律法律事務所陳長文律師
著作權顧問 —— 魏啟翔律師
地址 —— 台北市 104 松江路 93 巷 1 號

讀者服務專線 —— (02) 2662-0012 | 傳真 —— (02) 2662-0007；(02) 2662-0009
電子郵件信箱 —— cwpc@cwgv.com.tw
直接郵撥帳號 —— 1326703-6 號　遠見天下文化出版股份有限公司

製版廠 —— 東豪印刷事業有限公司
印刷廠 —— 家佑實業股份有限公司
裝訂廠 —— 台興印刷裝訂股份有限公司
登記證 —— 局版台業字第 2517 號
總經銷 —— 大和書報圖書股份有限公司 | 電話 —— (02) 8990-2588
出版日期 —— 2009 年 7 月 30 日第一版第 1 次印行
　　　　　 2025 年 4 月 17 日第二版第 2 次印行

國家圖書館出版品預行編目（CIP）資料

扭轉人生的 10 句話：安麗創辦人的成功智慧／理查・狄維士（Rich DeVos）著；廖建容譯. -- 第二版. -- 臺北市：遠見天下文化出版股份有限公司, 2025.03
面；　公分. --（心理勵志；BBP507）
譯自：Ten powerful phrases for positive people
ISBN 978-626-417-259-2（平裝）

1. CST：成功法　2. CST：人際傳播
3. CST：語言心理學

177.2　　　　　　　　　　　　114001936

Copyright © 2008 Rich DeVos
Complex Chinese edition copyright © 2009, 2025 by Commonwealth Publishing Co., Ltd.,
a division of Global Views - Commonwealth Publishing Group
This edition published by arrangement with Center Street, an imprint of the Hachette Nashville,
a division of Hachette Book Group, Inc., New York, NY, USA.
through Bardon-Chinese Media Agency
ALL RIGHTS RESERVED

定價 —— NT 380 元
ISBN —— 978-626-417-259-2
EISBN —— 9786264172578（EPUB）；9786264172585（PDF）
書號 —— BBP507
天下文化官網 —— bookzone.cwgv.com.tw

本書如有缺頁、破損、裝訂錯誤，請寄回本公司調換。
本書僅代表作者言論，不代表本社立場。